제주에서
아이를 키운다는 것

제주에서
아이를 키운다는 것

홍창욱(뽀뇨아빠) 지음

북하우스

프롤로그
인생의 행복을 가져다준 제주, 그리고 우리 가족

빛나는 별과 같은 제주에서, 인생에서 가장 행복하다는 시기를 살고 있는 요즘입니다. 아이가 커가는 모습을 보며 아빠의 삶 또한 영글어갑니다. 넉넉하지 않은 형편이지만 늘 잘 이끌어준 아내가 있어서 행복하고 고마운 마음입니다.

생경하기만 한 제주에서 보낸 몇 년이었지만 주어진 삶에 최선을 다하고 정직하게 살아온 우리 가족에게 이곳에서의 삶은 '나를 돌아볼 수 있는 기회'를 주었습니다. 가끔은 나의 얼굴을 목욕탕에서 찾기도 하고 다른 사람들의 눈동자에서 찾았는데, 그렇게 찾았던 얼굴이 가족과 함께 한 웃음 속에 있었습니다.

저는 제 인생에서 이루고픈 소원 중 하나가 아름다운 '제주에서 살기'였습니다. 제주도에 살고 계신 분은 제가 꿈꾸던 소원을 이미 이룬 훌륭하신 분입니다. 이렇다 할 삶의 성취도, 남들이 부러워할 성공도 없었지만 30대에 이루고픈 소원 하나가 이루어지니 내 영혼에 심을 작은 씨앗 하나 얻은 것처럼 기쁩니다.

그리고 제 영혼의 씨앗과 함께 우리 가족에게 날아든 행운이 있었으니 바로 첫아이 뽀뇨, 해솔이입니다. 이제껏 '누구의 무엇'으로 살기

싫어했지만 이제는 '뽀뇨의 아빠'로서 칼럼도 쓰고, 회사 일도 열심히 하면서 행복한 삶을 살고 있습니다.

　아내가 있어서 용기를 가지고 꿈꾸던 제주에 내려왔듯 아이가 있어서 용기를 가지고 제주에서의 삶을 일구었습니다. 서로 아끼고 욕심을 덜고 부족한 듯 살고 싶은 것이 우리 가족의 마음입니다. 앞으로 살아가다 보면 어렵고 힘든 일들이 많이 있겠지만 늘 그러하듯 제주에서의 나를 돌아보는 삶, 여유로운 저녁의 넉넉함이 우리 가족의 식탁을 풍요롭게 채울 것입니다.

　이 책은 아무런 연고가 없이 제주에 이주한 우리 가족이 보낸 제주에서의 4년간의 이야기이며 첫째아이인 뽀뇨와 함께 한 기억을 담은 우리 가족의 성장기입니다. 뽀뇨가 화창한 봄날에 태어난 이야기, 축복 속에 탄생한 뽀뇨가 우리에게 준 행복, 자연 속에서 아빠, 엄마와 함께 했던 생생한 제주 이야기까지 차곡차곡 담았습니다.
　우리 가족의 역사를 채워가듯 써내려갔기에 책 쓰는 과정 하나하나 행복하고 즐거웠습니다. 아이에게 물려주기 위해 매일매일 기록하는 일기처럼 모든 것을 새롭게 알아가며 아이를 보고 느꼈던 생생한 감정과 경험, 생각들을 많은 이들과 나누고 싶습니다.

제주에서 아내와 함께 가족을 이루고, 뽀뇨를 통해 세상과 만나온 시간들은 제 인생에서 가장 행복하고 고마웠던 나날들이었습니다. 사랑하는 아내와 뽀뇨, 그리고 곧 태어날 하나……. 제게 너무나 소중한 사람들이라 어떻게 감사의 마음을 돌려줄지 모르겠습니다. 그 마음을 돌려주려면 평생에 걸쳐도 모자라기에, 더욱 건강하고 힘차게 살아가야겠다고 다짐해봅니다.

제주에서 이룬 우리 가족의 작은 역사가 사람들의 마음에도 따뜻하게 다가가길 바랍니다.

−2014년 봄, 뽀뇨 아빠

차례

프롤로그
인생의 행복을 가져다준 제주, 그리고 우리 가족 … 4

PART 1
가족을 선물해준
제주의 새로운 나날들

제주에서 아이를 키우는 것은 어떨까요? … 14
새로운 터전에서 얻은 또다른 이름, 아빠 … 24
반갑다, 뽀뇨야! … 32
아빠는 너한테 푹 빠졌다 … 40
뭐니뭐니해도 사람이 제일 … 50
왼손잡이 뽀뇨에게서 아버지를 보다 … 58
제주라서 정말 다행이야 … 66

PART 2

즐거움이 한가득,
제주와 함께 아이가 자란다

매일 바다와 하늘을 보며 자라는 아이 ···76
한라산을 넘어넘어 ···84
뽀뇨, 최연소 올레꾼이 되다 ···94
기적의 도서관 체험 ···106
미로 길 찾기, 인생은 그런 것 ···118
눈을 돌리면 모든 것이 놀 거리 ···128
제주에서 만난 놀이공원 ···138

PART 3
매일매일 건강해지는 제주 자연 육아

아빠, 배추에 벌레가 꼬물꼬물해요 … 148
자연이 키운 텃밭 … 156
뽀뇨, 감귤 따고 있어요 … 164
동물장터와 도넛가게 사이 … 174
뽀뇨는 꼬마 요리사 … 184

PART 4
뽀뇨야, 아빠의 마음이 들리니

아내를 이해하게 되다 … 194
낙원에 살더라도 시간이 없다면 무슨 소용일까 … 202
준비가 될 때까지 기다려줄게 … 212
아내에게 배운 아이 관찰법 … 220
아빠, 무릉리 가요 … 226
뽀뇨와 하나 사이, 첫째와 둘째 사이 … 234
내가 제일 행복할 때 … 240

PART 5
아이와 떠나는
제주 체험 이모저모

제주에서 아이와 함께 할 수 있는 체험 코스 가이드 ···250
단기 여행 코스별 일정 ···266
중기 여행 가이드 ···270
장기 여행 가이드 ···272
계절별/시기별 체험 코스 ···273

에필로그

정말 다행입니다 ···278

PART 1

가족을 선물해준
제주의 새로운 나날들

제주에서
아이를 키우는 것은 어떨까요?

"제주에서 아이를 키우는 것은 어떨까요? 이렇게 바삐 흘러가는 서울이 아니라
자연 속에서 우리 뽀뇨가 건강하게 컸으면 좋겠어요."

제주라는 공간에 첫발을 내디딘 것은 2000년이 처음이었다. 그때는 여행자의 입장으로 제주도에 발을 내디뎠다. 이후 제주의 아름다운 자연풍광과 넉넉한 인심에 반해 기회가 닿을 때마다 수차례 제주 여행을 떠났다. 그러던 어느 날, 문득 성산일출봉을 오르다 그림처럼 펼쳐진 한라산의 풍경을 보며 생각에 잠겼다. '이렇게 아름다운 곳에서 살아보는 것은 어떨까?' 아마 제주 여행을 하며 제주의 진면목을 발견하게 된 여행객이라면 누구나 이런 생각을 하게 될 것이다.

　이런 나의 감상이 제주 이주에 대한 결심으로 이어져 구체적인 계획으로 진행된 것은 시간이 꽤 흘러서였다. 하늘을 가리는 빌딩과 늘 만원으로 꽉 차서 발 디딜 틈 없는 출퇴근길 지하철, 도로를 가득 메운 차량과 매연들, 그리고 그 속에서 삶의 건강함과 인생의 목표를 잃어가는 사람들을 볼 때마다 성산일출봉에서 보았던 '그때 그 광경'이 떠올랐다. 늘 피로에 젖어서 축 처진 어깨로 집으로 향하던 나에게 이 상황을 극복할 수 있게 만든 것은 다름 아닌 아내와의 결혼이었다. 결혼을 하고 '탈서울'에 대한 용기가 생긴 나는 아내를 설득하여 제주올레 길을 함께 걷는 행사에 참석했고 그때 마음을 굳힐 수 있었던 것이다.

　하루 이틀이 지나면 포기할 거라 생각한 남편이 직장일 때문에 주말도 반납하며 바쁘게 살아가면서도 몇 개월째 제주도에서의 일자리를 찾고 있는 모습을 보며 아내는 '진짜 마라도라도 가서 짬뽕가게를 열어야 되는 건가' 하고 불안한 듯했다.

그러던 어느 날 나는 아내에게 승부수를 던지기로 했다.

"제주에서 아이를 키우는 것은 어떨까요? 이렇게 바삐 흘러가는 서울이 아니라 자연 속에서 우리 뽀뇨가 건강하게 컸으면 좋겠어요."

무엇보다 제주에서 자연과 벗 삼아 아이를 키웠으면 좋겠다는 나의 제안은 아내의 마음을 움직이게 했다. 결국 고민 끝에 아내는 "제주에서 최소 월 200만 원 이상의 월급이 보장되는 직장을 찾으면 그때 생각해볼게요"라는 최후통첩을 날렸고 그때부터 나는 제주에 연고가 있는 지인들에게 묻기도 하고 인터넷 검색 능력을 총동원하여 일자리를 알아보았다. 다행히 운이 좋게도 일자리 구하기 힘들다는 제주에서, 그것도 제주에 연고도 없는 내게 면접의 기회가 찾아왔다. 제주 이주를 결심한 지 6개월 만의 일이었다.

비가 억수같이 내리고 바람이 미친 듯이 부는 날, 제주시 서문시장에서 매운탕으로 허기를 달래고 곧바로 면접을 볼 회사로 향했다. 사납게 부는 바람에 우산이 뒤집혀 비 맞은 생쥐 모양으로 찾은 회사는 '제주마(馬)'라는 콘텐츠 사업을 하는 업체였다. 대개 제주도에서는 지역에 연고가 있는 사람을 채용하는 편인데 내가 일하던 분야(문화콘텐츠 사업)는 제주도에서도 기반이 취약한 산업이었고, 해당 분야에 잠시 몸담았던 나의 이력 덕분에 제주에서의 일자리는 생각보다 어렵지 않게 얻을 수 있었다.

이제 일자리도 정해졌으니, 남아 있는 큰일은 제주에서 살 집을 구하는 것이었다. 한 달 만에 집을 구하는 것도 어려웠지만, 무엇보다도 제주도 특유의 '연세'라는 제도는 낯설기도 하거니와 비용이 부담스러웠다. 제주도에서는 전셋집 개념이 거의 없고 월세 1년 치를 한 번에 내는 연세가 정착되어 있었는데, 20년이 다 된 낡은 아파트에 입주하면서 내야 하는 연세 370만 원이 너무도 아깝게 느껴졌다. 이삿짐과 함께 제주로 내려온 아내는 집을 둘러보자마자 "어떻게 이렇게 허름한 아파트를 계약하면서 370만 원이나 냈어요? 거기다가 화장실에 세면대가 없으면 임산부가 어떻게 하라구요"라며 난감한 표정을 지었다. "그것도 어렵게 구한 거예요"라고 이야기하고 싶었지만 만삭의 아내에게 차마 할 말이 아닌 것 같아 1년만 잘 참아보자고 아내의 마음을 달랬다.

돌이켜 생각해보면 아내는 제주에 오기까지 정말 큰 용기를 냈던 것 같다. 많은 사람들에게 이야기했지만 아내가 동의하지 않았다면 나는 제주에 내려오지 못했을 것이다. 그런데 중요한 것은 아내의 동의가 아니라 아내의 존재였다.

20대 이후 늘 홀로 있었던 나에게 아내는 존재만으로도 큰 용기가 되었다. 무슨 일이든지 간에 서로 상의하고 내게 부족한 부분을 채워주는 평생의 동지이다 보니 '제주 이주'라는 도전을 감히 행할 수 있었던 것이다.

막상 제주에 오니 따뜻한 남쪽나라라고 생각했던 제주의 예상 밖의 추운 날씨와 특정기간에만 주로 이사를 하는 '신구간 제도' 등 제주라는 새로운 공간이 나에게 마냥 편하거나 좋기만 한 것은 아니었다. 외려 낯설고 불편하기도 했다. 하지만 제주에서의 직장생활은 기대 이상이었다. 일단 도로에 차가 별로 없어서 아침저녁으로 교통체증에 시달릴 일이 없었다. 출퇴근 시간이 고작 걸어서 10분이라니! 퇴근하고 7시도 안 되어 가족과 함께 따끈한 저녁밥을 먹을 수 있는 일상이 이어졌다. 회사에 개인적인 시간을 저당 잡히지 않는 자유로운 삶이 가능했기에 해질녘 노을 풍경은 한껏 여유로워진 마음을 선물해주었고 서울에서의 석양과는 다른, 깊은 감동을 느낄 수 있었다.

저녁시간이 여유가 넘치는데다가 TV를 집에 들이지 않은 터라 우리 부부는 언제나 독서를 하거나 그날의 일상을 나누는 대화로 저녁시간을 보냈다. 제주에 와서 넉넉한 자유시간이 허락된 덕분인지 우리 부부는 남은 시간을 좀 더 생산적으로 쓸 수 있는 방법에 대해 고민하게 되었다. 그러던 차에 알고 지내던 후배 기자에게 제주에서의 삶에 대한 글을 써보지 않겠냐는 제안을 받게 되었다. 마침 창간한 지 얼마 되지 않아 새로운 필진이 필요했던 〈제주도민일보〉에 나의 제주 이주 정착기를 담은 '뽀뇨 아빠의 제주정착일기'를 연재하게 되었다. 사실 이름도 알려지지 않았고 정기적으로 칼럼을 써본 일도 없던 내게 제주 이주는 '칼럼니스트'라는 새로운 이름을 안겨주었다.

그렇게 하나둘 써오기 시작한 칼럼들은 예상치 않은 뜻밖의 수입이 되기도 했고, 무엇보다 칼럼을 쓰면서 내가 글쓰기를 좋아하며 좋은 정보를 함께 공유하는 것에 보람을 느끼는 사람이라는 것을 알게 되었다.

그렇게 꿈으로만 존재했던 제주 이주의 꿈은 실현되었고 제주에서의 생활은 우리 가족의 삶을 다양한 모습으로 바꾸어놓았다.

새로운 터전에서 얻은
또다른 이름, 아빠

지금 생각해보면 아빠인 나에게 딸아이 '해솔이'는 이름만큼이나 제주의
아름다운 바다와 닮아 있다. 성난 파도가 검은 돌과 하얀 모래를 부수어버릴
듯이 정신없이 몰아치다가도 언제 그랬냐는 듯이 잔잔해지는 것처럼.

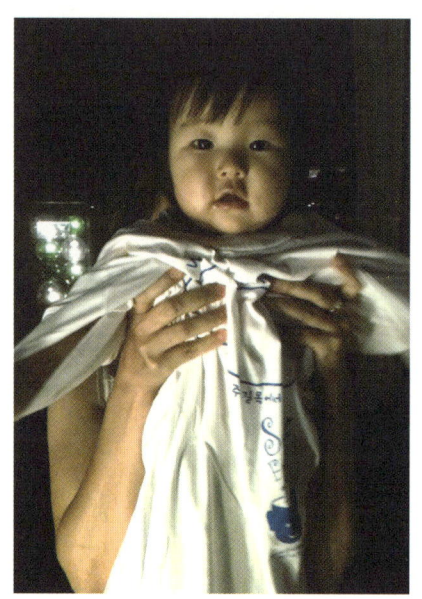

제주로 이사를 하는 과정처럼 아빠가 되는 과정 또한 어느 날 덜컥 낯설게 이루어졌다. 위로는 누나 세 명이 있는 막내 외아들로 태어나 가족들에게 넘치는 사랑을 받으며 자랐고, 인생의 꽃을 피운다는 20대에도 '나 잘난 맛에 산다'는 신세대로 살았던 지난날들이었다. '남을 위해 희생한다'라는 말에는 '내가 왜?'라는 반문이 저절로 들었고 '누군가를 위해서 아낌없이 투자한다'는 것은 나와는 거리가 한참 먼 경전과도 같이 느껴졌다. 그런데도 아빠가 된 지금의 나에게는 '자식을 위해 아낌없이 준다'거나 '아이를 위해서는 어떤 것이든 희생할 준비가 되어 있다'라는 어르신들의 구시대 격언이 마음속에 자연스럽게 자리 잡게 되었다. 도대체 이 아빠라는 것이 무엇이길래 나를 이렇게나 바꿔놓은 걸까?

뽀뇨를 처음 가졌을 때를 떠올리면 말 그대로 '실감이 나질 않는다'는 표현이 맞을 듯하다. 아내 말에 따르면 아내가 임신 테스터기를 확인하고는 "나 임신했어요"라고 화들짝 놀라서 나에게 이야기를 했을 때, 남편인 나는 그저 조용히 잠만 잤다고 한다. 지금의 둘째를 임신하기까지는 3년이 넘는 시간을 기다렸는데, 당시는 신혼 초에 첫아이를 계획하고 바로 임신을 하였으니 아이 갖는 일이 얼마나 소중하고 어려운 일이라는 것을 전혀 알지 못했을 때였다.

서울에서 회사를 다니면서는 휴일에도 촬영 아르바이트를 하며 지내다보니, 단 한 번도 아내가 산부인과를 가는 토요일에 함께 가서 뽀뇨가 뱃속에서 자라는 모습을 보질 못했다. 이제 와서 생각해보면 무엇 때문에 그렇게 바쁘고 힘겹게 지내며 살았는가 싶은 서울생활이었다.

뽀뇨를 서울에서 가지긴 했지만 뽀뇨는 제주와 깊은 인연을 가진 아이다. 우리 부부는 아명과 이름을 정할 때부터 뽀뇨의 고향인 제주를 생각하며 지었다. 아내는 나의 별명과 아내의 성을 따서 태명을 정했다고 하지만, 나는 미야자키 하야오 감독의 영화 〈벼랑 위의 포뇨〉를 염두에 두고 태명을 정했다. 둘 중 무엇을 정설로 할지 모르겠지만 많은 사람들은 이제 '뽀뇨'라고 하면 애니메이션에 등장했던 '포뇨'를 떠올린다.

뽀뇨의 본명인 해솔이라는 이름은 또 어떤가. 나는 뽀뇨가 제주에서 태어나게 될 아이였던지라 딸아이의 이름에 '바다'의 의미를 꼭 넣고 싶었다. 바다와 어울리는 이름이 어떤 것이 있을까, 하고 생각했는데 마침 대학 선배 아들의 이름인 '우솔'이가 떠올랐다. 그 이름에서 착안하여 "해솔이는 어떨까?" 하고 아내에게 제안했더니 아내가 괜찮다는 반응을 보이며 우솔이의 '솔'자가 어떤 한자인지 알고 싶다고 넌지시 이야기를 건넸다.

"형, 우솔이의 솔자가 무슨 솔자예요?"
"어, 거느릴 솔인데 왜?"
"아, 새로 태어날 아가의 이름을 정해야 해서요. 알겠어요, 고마워요."

선배의 대답을 들은 우리 부부는 쾌재를 불렀다. '바다 해'에 '거느릴 솔'이라. 너무 멋지지 않은가.
"바다를 거느린다. 왠지 해녀 느낌이 나는 이름이네요. 좋아요"라

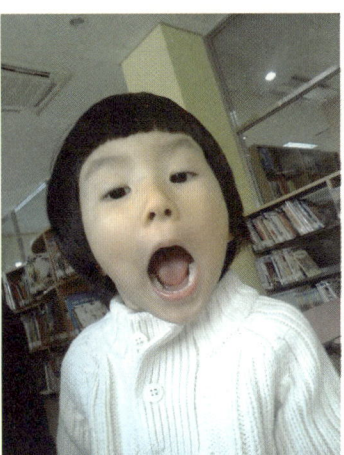

며 아내도 대만족이었다. 어찌 보면 '바다에 있는 한 그루 소나무' 같은 느낌이 나기도 하고 어떻게 생각해도 기분이 좋은 이름이었다.

뽀뇨가 뱃속에 있을 때는 노래도 많이 불러주고 이야기도 많이 들려주려고 했다. 생각나는 이렇다 할 아는 노래가 없는지라 당시에 가장 유행하는 애니메이션인 〈뽀로로〉 노래를 힘차게 불렀는데 평소에 뽀로로 만화를 한 번도 보지 않은 내가 어떻게 노래를 외워서 불렀는지 모르겠다. 이것이 바로 대한민국 아빠, 엄마 아니 전 세계 부모들의 역량이 아닐까 싶다.

아이가 태어났을 때 들려줄 그림책을 그려보는 것은 어떨까 싶어서 색연필로 끄적끄적 그림도 그리고, 그린 그림책을 뱃속의 뽀뇨에게 읽어주기도 했다. 점점 불러오는 아내의 배를 보는 것 자체가 경이로운 일이고 그 뱃속에 새로운 생명체가 꿈틀거리며 커가고 있다는 것이 남자인 나에게는 또 하나의 기적 같았다. 아이와 교감을 하는 방법은 아내의 배에 귀를 대어보고 노래를 불러주고 또 이야기를 하는 것이었다. 마치 외계의 생명체에게 보내는 레이더기지의 접시안테나처럼 아내의 배에 메시지를 날리고 또 날렸다.

그 소리를 들었는지 모르겠지만 뽀뇨는 무럭무럭 잘 자랐다. 나는 매일 아내의 배를 바라보며, 엄마 몸에 있는 뽀뇨와 뽀뇨를 잉태하고 있는 아내에게서 처음으로 '내 가족'이라는 느낌을 강하게 갖게 되었고 '아빠'라는 이름에 설레게 되었다.

밤 10시가 되어서야 집에 도착하는 바쁘고 고단한 생활이었지만

'오늘은 뱃속의 아이에게 어떤 이야기를 해줄까'라는 생각으로 늘 기분 좋게 퇴근하는 하루하루가 이어져갔다. 집에 돌아와 "아빠"라고 소리치며 달려오는 아이를 보면 세상만사의 고단함과 피로가 한 번에 날아가지 않을까라는 유쾌한 상상도 함께 하며 말이다.

지금 생각해보면 아빠인 나에게 딸아이 '해솔이'는 이름만큼이나 제주의 아름다운 바다와 닮아 있다. 성난 파도가 검은 돌과 하얀 모래를 부수어버릴 듯이 정신없이 몰아치다가도 언제 그랬냐는 듯이 잔잔해진다. 눈앞에 펼쳐진 수평선과 맞닿아 있는 하늘, 그 위에 그림처럼 펼쳐져 있는 구름과 붉게 타오르다 꺼져가는 석양까지, 이 모든 것이 매일 30분이면 끝이 난다. 이 경이로운 해질녘의 풍경을 바라보면 하루 동안 복잡했던 내 마음도 조용히 잦아들었다. 지금까지 살아오면서 어렵고 힘든 것이 있었다 해도 어느 순간 모두 사그라져 사라지듯이 그렇게 삶의 순리와 아름다움을 가르쳐주는 것이 자연이며 내 아이였다.

새로운 터전에서 얻게 된 새로운 이름인 아빠, 제주생활만큼이나 기대되는 그 이름에 설레기만 했다.

반갑다, 뽀노야!

한 시간 정도가 흘렀을까? 땀으로 젖은 손을 잡고 함께 힘을 준 지 얼마의
시간이 지나 내 심장 소리만큼이나 큰 소리로 울며 아이가 태어났다.
아내의 가슴 위에 올려진 조그만 아기는 눈을 감고 있었다.

©권은정

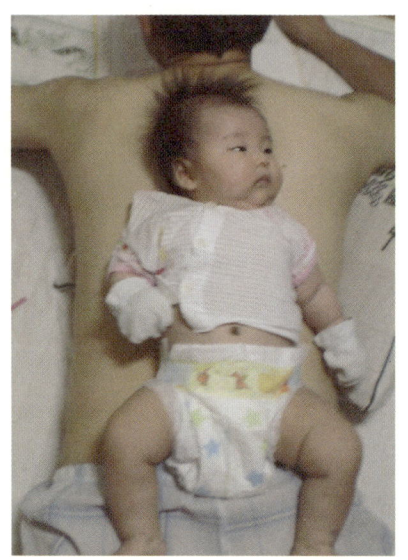

뽀뇨가 태어나기 바로 전날. 아내와 제주 시내에 있는 산부인과에 들러 검사를 했는데 간호사가 진통이 오는 주기를 확인해서 신호가 오면 산부인과에 전화를 하라고 했다. "수미 씨, 어때요?" 물으니 "이상하게 별로 아프지가 않는데요"라고 했다. 아직 하루 정도 여유가 있겠다 싶어서 출산 바로 직전에 힘을 내기 위해 소고기도 준비했다. 족발이 아주 싸고 맛있는 도남오거리 정육점에서 결혼 전 장인 장모님을 찾아 뵐 때나 샀던 한우를 사고는 점원 아가씨에게 자랑도 했다.

"오늘 아내가 딸아이를 낳을 거라서요. 아주 좋은 놈으로 주세요."

집에 여유롭게 돌아오니 아내가 갑자기 신호를 주었다. 힘든 기색을 내보이며 호흡이 달라진 것이다. "수미 씨, 이거 아까 선생님이 이야기한 가진통 아니에요?" 하니 "잘 모르겠어요"라는 답이 돌아왔다. 아이를 낳아봤어야 알지, 어떡해야 하나? 지금 이 신호가 그건가 싶기도 하고 어떤지 모르겠다 싶어서 우선 병원에 갔다. 마침 밤 9시를 넘긴 시간이라 의사선생님이 곧 도착한다고 하여 아내는 일단 임시 병상에 누웠다. 근데 별로 아프지 않다는 아내가 출산에 가까워오니 울면서 소리를 지르기 시작했다. 이게 어찌된 일인지 몰라서 나 또한 손에 땀이 나고 심장은 요동을 치는데 연락을 받고 급하게 병원에 나온 의사선생님은 "잘 참는 스타일인 줄 알았는데 의외"라며 무심한 반응을 보였다.

수술실에 들어갈 때까지 기다리는 시간이 아내를 지켜보는 나로서도 너무 힘들었는데 수술실에 들어가고 나서 아내의 손을 잡고 함께 힘을 주고 있자니 이렇다 할 도움이 못 되어서 더욱 안타까울 뿐이었다.

한 시간 정도가 흘렀을까? 땀으로 젖은 아내의 손을 잡고 함께 힘을 준 지 얼마의 시간이 지나 내 심장 소리만큼이나 큰 소리로 울면서 아이가 태어났다. 아내의 가슴 위에 올려진 조그만 아기는 눈을 감고 있었다.

너무나 감동한 나머지 목이 메여 작은 목소리로 태명인 "뽀뇨"를 불렀더니 아기가 얼굴을 돌리고 나를 향해 눈을 뜨는 것이 아닌가. 이 모습을 어떻게 평생 잊을 수 있을지……. 감동이 폭풍우처럼 몰려오는 것도 잠시, 간호사가 "아버님, 탯줄을 잘라야 합니다"라고 한껏 달아오른 감동의 분위기를 깼다. 아내 몸의 일부를 가위로 자르려니 왠지 끔찍하고 '아, 이건 뭔가 이상한데' 싶은 순간, 간호사가 나를 보고는 "아버님, 웃으세요"라고 했다. 바로 그 순간 찰칵!

이렇게 해서 하나의 역사적 사진이 완성되었다. 아내는 출산이라는 전투를 치른 후 힘이 빠져 찌푸린 얼굴을 하고 있고 나는 아내가 건강하게 순산을 한데다 예쁜 아이까지 얻은지라 승리의 기쁨에 취해 사진을 찍었다. 나중에 아내에게 들으니 아파 죽을 것 같으면서도 탯줄을 자르며 어정쩡한 포즈와 얼굴로 사진 찍는 남편의 모습을 보니 웃음이 났다고 한다.

아이 낳는 것이 생각보다는 오래 걸리지 않아서 다행이라고 생각했는데 어려움은 산후조리원에 들어가기도 전에 산부인과 병실에서부터 시작되었다. 아이를 낳고 두 번째 날, 저녁 회진을 돌던 담당 의사가 덩그러니 우리 부부 둘만이 있는 병실을 보며 "이 병실은 찾아오는 사람이 하나도 없네요. 어른들 안 오시나요?"라고 말했다.

아내는 기어들어가는 목소리로 "주말에 오실 거예요. 육지에서 오셔야 해서요"라고 대답했지만 찾아오는 손님들로 북적이는 옆 병실과 너무나 확연하게 비교가 되는 것은 어쩔 수 없었다. 설상가상으로 옆 병실은 찾아오는 축하객이 많아 병원 측에서 병실을 특실로 바꿔줬다는 이야기를 간호사에게 전해 듣고 아내는 무척이나 부러워하는 눈치였다.

"자기야. 옆방 앞에 꽃바구니가 놓여 있는데, '고생했다. 아빠가'라고 씌어 있어. 친정아버지가 보내줬나봐"라는 아내의 이야기를 듣고는 우리가 마치 부모의 반대를 무릅쓰고 제주로 사랑의 도피를 한 외로운 커플처럼 느껴져서 아내에게 미안한 마음이 들었다. 제주로 이주한 지 4개월 만에 아이를 낳았으니 아는 사람이 거의 없었고 축하해줄 사람들이 모두 육지에 있다 보니 우리 부부만의 온전한 출산이 되고 말았다. 그런데 찾아오는 사람이 없는 것은 그렇다 치고 우리는 젖을 어떻게 물리는지 기저귀는 어떻게 가는지, 또 아기가 울면 어떻게 달래야 하는지 아무것도 아는 것이 없었다. 아내와 두 손 꼭 잡고 듣던 모유 수유교육은 도대체 어찌 된 건지. 분유를 선물로 준다기에 열심히 참석하긴 했지만 예습한 것이 도무지 소용이 없었다. 출석만 열심히 한 엉터리 우등생이었다.

밤새 우는 아이를 어떻게 해야 할지 몰라 "잠시만 와주세요, 아이가 어디 아픈가봐요"라고 다급하게 간호사를 부르면 아이를 확인하고 "아무 문제 없어요" 하고 휑하니 나가버리기 일쑤! 당황스럽고 울음을 그치게 해주었으면 좋겠다는 심정에 불렀는데 매정하게 그냥 가버리다니! 밤새 잠 한숨 못 자고 아이는 배가 고파 울고 아빠, 엄마는 젖을 어떻게 물리는지 몰라서 우는 병원생활이 그렇게 정신없이 흘렀다.

산후조리원에서 2주 동안 생활하면서 젖은 어떻게 물리는지, 아이는 어떻게 안아야 하는지 등 정말 피가 되고 살이 되는 방법을 새우잠을 자며 배웠다. 아버지가 돌아가시기 전 병원에서 몇 달을 지낸 적이 있던 터라 힘들지 않게 조리원 생활을 이어갔지만 아내는 남편이 혹여 저녁을 굶을까 걱정이 되어 산후조리원 저녁으로 나오는 옥돔구이, 성게미역국, 전복죽 등을 먹지 않고 남겨두었다.

"많이 배고프죠? 식사하세요. 나는 입맛이 없어서 많이 못 먹겠어요."

외롭게 산후조리를 하면서도 남편을 생각하는 아내의 마음이 느껴져 한없이 미안하면서도 '가족애란 이렇게 서로를 조금씩 위하는 것이구나' 하고 다시금 아내에 대한 마음이 애틋해질 수밖에 없었다. 그렇게 우리 가족은 서로를 생각하며 한걸음 더 성장하고 있었다.

PART1 39

아빠는
너한테 푹 빠졌다

뽀뇨가 내 인생에 중요한 사람이 된 것은 내 딸이라는 것도 있지만 내 이름을 지어주었다는 점도 있다. "뽀뇨 아빠", 누구보다 개성이 강하고 고집이 세며 다른 사람의 이름으로 살기 싫어했던 나에게 뽀뇨는 새로운 세상을 열어주었다.

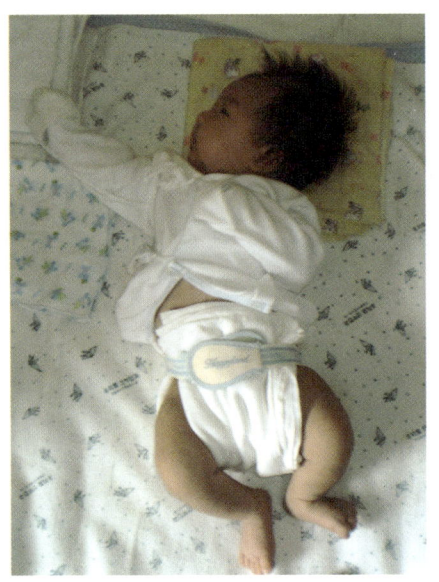

산후조리원은 책에서 알려주지 않는 '아이 보살피는 법'을 자세히 알려주었다. 아빠가 육아에 관심을 가지는 집이 많지 않아서 그랬는지 모르겠지만, 산후조리원 선생님들은 '아이를 안는 방법'과 '아이 보자기를 싸는 법', '젖을 물리는 법'과 '기저귀 채우는 방법', '트림시키는 법'까지 육아의 가장 기본지식을 차근차근 알려주었고 나는 하나하나 세세한 것까지 모르는 것은 묻고 또 물었다. 그도 그럴 것이 집으로 돌아가게 되면 아이의 상태를 보여주고 물어볼 사람이 없었기 때문이다.

그때 확실하게 배워서 그런지 아이 머리를 손바닥으로 잘 싸서 안거나 침대에서 떨어지지 않도록 항상 긴장하며 아이를 돌보는 등 육아기초는 습관처럼 몸에 잘 배어 있다. 하지만 아는 것은 딱 그것뿐. 아이가 커가며 알아야 하는 지식은 다른 부모들과 마찬가지로 그때그때 책에서, 육아 커뮤니티에서 도움을 얻었다.

당시 나는 출근시간이 정해져 있는 회사를 다니고 있어서 밖에서 보내는 시간이 많았고 혼자서 아이를 봐야 하는 아내는 정말 힘들었을 것이다. 임신했을 때는 만삭의 몸으로라도 제주 시내를 돌아다닐 수 있었는데 아이를 낳고 나니 한동안은 꼼짝없이 몸이 묶여서 밖으로 다닐 수가 없었다. 게다가 온종일 아이와 씨름하며 보내야 했으니 그 마음이 오죽했으랴.

내가 아내를 위해 할 수 있었던 것은 저녁시간이나마 아내에게 여유를 주는 것이었다. 아내에게도 숨돌릴 여유는 필요했으니까. 게다가 남편만 믿고 제주까지 따라와준 고마운 아내 아니던가. 워낙에 아이를 좋아하기는 했지만 이러한 책임감이 나를 '딸바보 아빠'로 만든 것이나 다름없었다. 아이를 남편에게 맡겼더니 아이도 울고 아빠도 울었다면 아마 아내도 아이를 맡길 수 없었을 것이다. 어찌되었건 도움 줄 사람이 주위에 단 한 명도 없는 상황이 '아빠'를 '열혈육아 아빠'로 만들었고 남편의 노력하는 모습이 아내에게 힘이 된 것 같다.

아이를 키우며 가장 힘들었던 점은 여름밤에 모기 잡는 것이었다. 모기가 워낙 많으니 모기약을 뿌리거나 피우면 되는데 아내는 "우리 가족의 건강을 위해 절대 모기약을 써서는 안 돼요"라고 못을 박았다. 위생과 건강에는 워낙에 철두철미한 아내여서 아내 말만 잘 들으면 장수하겠구나 싶은 생각에 흔쾌히 잘 따라주었다. 하지만 모기 잡기만큼은 매일매일이 고역이었다.

모기장을 쳤는데도 좁은 침대다 보니 거의 매일 새벽에 자다 일어나 모기를 잡아야 했다. 서울에 있을 때 '재래식으로 모기 잡는 법'이라는 인터넷 정보를 보고 '모기와의 전쟁'을 선포한 적이 있었다. "수미 씨, 이스트랑 계피로 모기를 불러 모은 다음에 다 잡을 수 있대요. 이제 걱정 안 해도 돼요" 하고는 모기 덫을 만들었다가 도리어 집 주위의 모기들을 모조리 불러모아 남편의 체면을 구기기도 했다. "우리도 그냥 모기약 치면 안 돼요?"라는 말이 거의 목구멍까지 올라왔지만 쌔근쌔근 평화롭게 잠들어 있는 뽀뇨 얼굴을 보고는 차마 그 말이 입 밖으로 나오질 않았다.

엄마와 풀을 베러 산으로 간 5살 아들이 벌에 쏘여서 얼굴이 퉁퉁

부어서 내려온 모습을 본 아버지가 산에 불을 지르겠다며 불같이 화를 냈다고 하는데 한 달 된 아이가 모기에 물려 우는 것을 보고는 그때 나를 보며 느꼈을 아버지의 심정이 이해가 되었다.

아이와의 스킨십은 내가 아빠임을 자각하게 되는 데 큰 역할을 했다. 산후 조리를 돕기 위해 오신 어머니가 뽀뇨가 새벽에 하도 울길래 며느리 자는 틈에 빈 젖을 물렸고 뽀뇨는 칭얼거리다가 어머니의 젖을 물고 조용히 자더란다. 그걸 본 아내가 "뽀뇨가 심하게 울면 시어머니가 했던 것처럼 빈 젖이라도 한번 물려보세요"라고 얘길 하길래 피식하고 웃어넘겼다. 그런데 아내가 자는 사이 '나도 해볼까?'라는 생각이 들어 시도해보았다. 하지만 아쉽게도 성공하진 못했다. 하지만 아이를 안고 있는 것만으로 마음이 따뜻해지고 편안해지는 경험을 하게 되었다.

아이를 보면서 겪었던 또 한 가지 어려운 점은 아이가 보내는 신호를 초보아빠는 제대로 해석하지 못한다는 점이다. 아내의 옛 직장 동료가 일 때문에 제주에 왔다가 집을 찾았다. 아내는 몇 시간의 휴식을 갖게 되었고 나는 "우리 걱정하지 말고 편하게 놀다 오세요"라고 했다. 24시간 아이에게 매여 있는 상황이라 잠시라도 아내에게 심적인 여유가 필요하다고 생각은 했지만 아내가 집에서 나가고 나니 덜컥 겁이 났다. 뽀뇨와 단 둘이 집에 있으니 우린 둘 다 서로에게 적응이 필요했다. 역시나 엄마가 집 밖을 나서자마자 뽀뇨는 눈을 두리번거리며 엄마를 찾았다. 뽀뇨에게 "엄마가 곧 돌아올 거야"라고 말했지만

뽀뇨는 믿지 않는 눈치였다. 예상대로 그 날은 뽀뇨의 울음소리가 온 집 안을 가득 채웠다. 마음속으로는 '뽀뇨야, 원하는 게 뭐니?'를 수백 번 외칠 수밖에 없었다.

갓 태어난 뽀뇨를 돌보며 배운 사실이 있었는데 아이가 울 때는 두 가지 이유 때문이라는 것이다. 첫째는 배가 고파서, 두 번째는 기저귀가 젖었을 때다. 한 달이 넘어가자 놀고 싶어서가 세 번째 이유가 되었다. 갑자기 아이가 울음을 터트리면 왜 우는 건지 알지 못한 채 서로 씨름을 하다 잠이 들기 일쑤였다.

그렇게 전쟁을 치르다가 뽀뇨와 눈을 맞추는 순간이 있다. 무릎에 뽀뇨를 누이고 서로의 눈을 바라보는데 그때는 어느 때보다 행복한 평안함이 찾아왔다. 그러면 항상 노래를 불러주었다. 가사를 모르면 '라라라'로 대충 때우는데 나를 바라보는 눈망울이 정말 예뻐서 뽀뇨에게 다짐을 하게 된다.

"예전에는 정말 이해를 못했는데 부모들이 자식을 위해서는 목숨을 바친다는 말을 이해할 것 같아요."

이런 나의 모습을 본 한 아주머니가 한 말씀을 남겼다.

"네 아빠가 너한테 푹 빠졌다."

뽀뇨가 내 인생에 중요한 사람이 된 것은 내 딸이라는 것도 있지만 내 이름을 지어주었다는 점도 있다. "뽀뇨 아빠". 누구보다 개성이 강하고 고집이 세며 다른 사람의 이름으로 살기 싫어했던 나에게 뽀뇨는 새로운 세상을 열어주었다. 학교 진학을 위해 부모님 품을 떠난 지가 15살 즈음이니, 20년이 지나서 가족을 돌아보게 된 것이다. 그것도 뽀뇨를 생각하면 눈물이 핑 돌 만큼 아주 찐하게 말이다.

뭐니뭐니해도
사람이 제일

사람들을 만나는 것은 나에게뿐만아니라 아이에게도 중요한 부분이다. 작은 부분에서는 낯선 사람들을 많이 만나 얼굴을 익힘으로써 가족끼리 만나거나 그 이상의 관계를 펼쳐나갈 수 있다. 일터와 집이 완전히 분리되어 있는 대도시와 달리 중소도시와 시골마을은 가까운 거리에 있기에 자연스레 가족이 함께 만날 수 있는 기회도 늘어나고 관심의 범위도 커지게 마련이다.

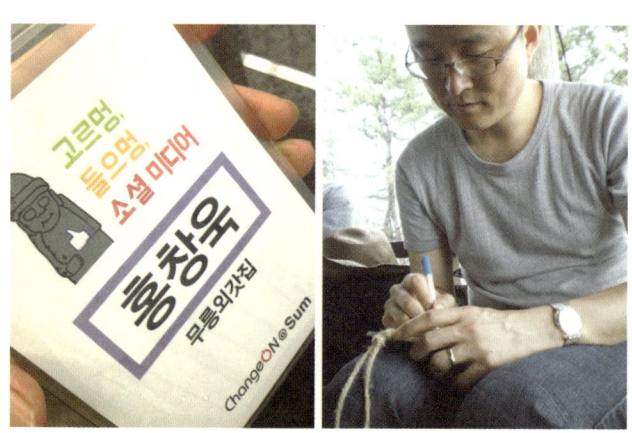

회사와 지역은 다르다. 회사는 일의 공간이고 지역은 삶의 공간이다. 제주생활 초기, 회사에서 만나는 제주지역의 동료와 가까이 지내고 싶었는데 생각보다 쉽지 않았다. 업무 영역이 나눠져 있기도 하거니와 저녁은 늘 가족과 함께 지내다 보니 쉽게 친해질 시간이 부족했다.

그럼 언제 사람을 만나야 되나, 아니 그보다도 도대체 누구를 만나야 할까, 라는 생각이 머릿속에 맴돌았다. 그러다 가장 첫 번째로 생각난 것은 역시나 '끈'이 있는 사람이었다. 대학 선배와 후배를 통해 제주에 있는 '학과 동창'들을 만났다. 아무런 연고가 없는 제주에 '과 사람'들이 꽤 있다니 놀라웠다. 근데 반 이상은 기자들이었다. 가끔 통화를 하긴 했지만 너무 바쁜 직업인 탓에 자주 만날 수 있는 모임은 아니었다.

그렇다면 필요에 의해 사람들을 만나는 것은 어떨까? 마침 제주에 내려와서 가장 필요한 것은 새로운 분야의 트렌드이고 이를 흡수할 수 있는 것이 바로 '책모임'이었다. 어떤 책모임이 있을까, 검색에 검색을 하였건만 온라인으로는 도저히 가닥을 잡을 수 없었고 역시나 기자인 후배한테 SOS를 쳤다.

"선배, 얼마 전에 만난 사람들인데 새벽 6시에 책모임을 해요. 아마 한 달에 한 번 정도 모일 거예요. 거기 주축인 사람이 정말 배울 점이 많은 사람인데 전화번호 받아적어봐요."

새벽 6시라니, 그렇게 열의 있는 사람들이면 사귀어도 괜찮겠다 싶었다.

"책모임에 가고 싶습니다."

메시지를 보내니 얼마 후에 답장이 날아왔다.

"다음 주 금요일 새벽 6시, 제주회계컨설팅에서 모입니다. 이번 책은 '기적의 사과'입니다."

바로 책을 사서 정신없이 읽었다. 마침 창원에 계시는 어머니가 제주에 오셔서 읽어드렸는데 '기적의 사과'를 만들기 위해 죽을 위기를 넘긴 농부 이야기를 듣고는 황당하다면서도 아주 재밌어하셨다. 드디어 책모임날. 모임에 나간다고 기분이 좋아 늦게 잠이 들었는데도 새벽 5시 반에 눈이 번쩍하고 떠졌다.

그 책모임에서 나는 내 삶에 중요한 동력을 갖게 되었는데 하나는 롤모델이 될 사람을 찾았다는 것과 내가 관심가져야 할 분야를 정하게 되었다는 것이다. 모임에서 다음 책 주제를 선택하게 되었는데 그것이 바로 '소셜미디어'였고 처음 나간 모임에서 다음 달 주제에 대한 발제를 맡게 된 것이다.

소셜미디어는 그후 나에게 중요한 화두가 되었다. 소셜미디어가 없었다면 내가 이렇게 제주에서 자연스럽게 정착할 수 없었을 것이다. 이주 초기, 사람들을 만나면서 나의 정체성을 보여주고 나를 알리는 데 소셜미디어가 큰 역할을 했기 때문이다.

'트친(트위터 친구)'은 연고가 없고 친구도 없는 제주에서 친구를 사귈 수 있는 방법을 알려주었다. 온라인 상에서 140자 이내의 간단한 의사소통에 그치긴 하지만 서로의 글을 구독하고 대화를 나눔으로써 '친구'라는 문화가 형성되니 쉽게 친구를 사귈 수 있는 방법이 열렸다. 또한 유명작가들이나 다양한 사람들의 생각과 견해를 동시간대에 들을 수 있다는 점도 큰 매력으로 다가왔다.

트위터에서 가끔 이야기를 나누는 사람들을 직접 만나 함께 삼양 해수욕장에 가서 맛있게 맥주 한잔 하는 기분이란! 사람을 만나는 것이 그리 어렵지 않다는 것, 만나는 사람들과 작은 파티를 열 수 있다는 것은 예상치 못한 일상의 작은 이벤트였다. 실제로 '제주 트위플데이'라고 하는 오프라인 파티를 제주문학의집에서 주최하였고 30여 명이 넘는 사람들이 모여 함께 시간을 보냈는데 이 경험은 타지역 출신의 사람인 나에게 자신감을 불어넣어주었다.

다소 지루할 수 있는 직장생활에 활력이 된 그 파티는 이후 게스트하우스 공연과 먹자 모임으로 발전하였고 지금까지 몇 명의 사람들과는 만남을 지속해오고 있다. '가깝지 않지만 그리 멀지도 않은 사이'를 경험하게 해준 소셜미디어에 고맙고, 작은 관계지만 충분히 만족을 줄 수 있다는 것을 제주에서 알게 되었다.

그다음에 목표한 인간관계는 '제주 토박이'를 사귀는 것이었다. 다양한 자리에서 만나는 사람들 중 반이 넘는 사람들이 제주에 막 이주한 사람이거나 10년 이내에 제주에 이주한 사람들이었다. 지역에 동화되어 사는 사람들이 있는가 하면, 자신만의 경계 안에서 살아가는 사람들도 보았는데 진짜 제주를 알기 위해서는 함께 어울려 살아야 한다는 생각이 절실했다.

간절히 바라면 기회가 열리는 걸까? 이런 나의 바람을 담은 페이스북의 글을 보고 제주문화에 대해 알려주겠다고 나선 형이 있었다. 그리고 우연한 기회로 동네 소극장을 운영하는 대표님을 알게 되고 거기서 뽀뇨 돌잔치까지 하게 되는 행운을 누리게 되었다.

'제주 토박이'를 사귀는 것이 목표라는 것을 이 두 분이 알면 웃음을 터뜨리겠지만 그 당시에 나는 절실했다. 혈연, 학연, 지연으로 좁은 동네에서 거미줄처럼 꼼꼼하게 인맥관계가 형성되어 있는 도농복합지역이 제주이다 보니 더이상 새로운 사람을 만나는 것이 어려울 것이란 생각이 들었기 때문이다.

우선은 '제주 토박이'를 만나고 그 사람에게서 '제주의 역사와 문화'에 대해 이해할 수 있는 기회를 갖자고 마음을 먹었다. 동네에 있는 숨은 맛집을 찾아가서 옛날 이야기를 듣기도 하고 재밌는 연극공연을 보며 생각에 잠겼다. 너무도 다행히 이렇게 마음을 열어준 사람들이 있어서 제주에 정착하는 것이 정서적으로 힘들지 않았다.

사람들을 만나는 것은 나에게뿐만 아니라 아이에게도 중요한 부분이 되었다. 많은 사람들과 관계를 맺고 얼굴을 익힘으로써 가족 이상의 관계를 펼쳐나갈 수 있었기 때문이다. 일터와 집이 완전히 분리

되어 있는 대도시와 달리 중소도시와 시골마을은 서로가 가까운 거리에 있기에 자연스레 가족이 함께 만날 수 있는 기회도 많아지고 관심의 범위도 커지게 마련이다.

지역에서는 조금 성가시고 품이 많이 들더라도 결국 모든 일은 '사람'이 중심이 되고 '사람'이 해결한다. '얼굴만 아는 이웃'에게 육아와 관련된 부탁을 할 수 있을까? 결국 사람이 할 일을 돈이 해결할 수밖에 없는데 마을에서만큼은 편하게 부탁할 수 있고 또 책임을 지고 부탁한 것을 채워준다. 아이에게 이러한 '사회적 관계'를 알려주는 것만으로도 정서발달에 많은 도움이 되었다.

지금은 몇몇 지인들과 소셜미디어의 도움으로 대학 동창회와 심지어 고등학교 동창회까지 두루 섭렵할 정도가 되었고 더이상 '사람고픔'으로 힘들어하지 않는다. 하지만 내가 먼저 다가가고 마음을 열지 않았더라면 적응하는 시간이 너무나 더뎠을 것이다.

그 과정에는 사람을 연결하는 미디어가 있었지만 결국 그것도 사람이 하는 일, 내 마음이 하는 일이고 그 사람의 마음과 서로 닿는 부분이었기에 제주와 더욱 가까워질 수 있었다.

왼손잡이 뽀뇨에게서
아버지를 보다

서로에게 말은 하지 않았지만 아이가 왼손잡이인 것을 보고 나는 아버지를, 아내는 자신의 어머니를 떠올리고 있었던 것이었다. 그날 저녁 우리는 한쪽 집안이 아니라 사돈 양가에 왼손잡이가 있다는 사실을 알고는 '뽀뇨가 왼손잡이'인 것을 자연스럽게 받아들이기로 했다.

나에게 왼손은 거칠고 낯선 느낌이다. 내가 '오른손잡이'여서가 아니라 항상 무뚝뚝하고 다소 거칠었던 내 아버지가 생각나기 때문이다. 전형적인 경상도 스타일의 아버지, 고향에서 사나이 중에 사나이로 불려서 그랬는지 어머니는 어릴 때부터 '홍 씨' 집안(친가)을 닮지 말고 '신 씨' 집안(외가)을 닮으라고 나에게 주입을 해왔다.

그러다 보니 어릴 때부터 엄마 닮았다는 얘기를 주로 듣고 자랐지, 아버지 닮았다는 얘기는 한 번도 들은 적이 없었고 신체의 일부 또한 딱 한 곳을 제외하고는 아버지와 닮은 점이 없었다. 유일한 닮은꼴은 바로 뒷머리의 제비추리다. 머리를 깎을 때가 되면 항상 목 뒤까지 길게 내려오는 것이 어찌 생겼는지 자세히 들여다볼 방법은 없지만 어쨌든 나에게 머리 깎을 타이밍을 정확히도 알려주었다.

이제 아버지께서 세상을 달리하신 지도 8년이 지났다. 아이 낳고 정신없이 살아간다고 고향의 어머니께 전화할 시간도 없다 보니 돌아가신 아버지 생각은 거의 하질 못했다. 그런데 언제부턴가 오른손이 아니라 양손으로 색연필을 잡는 뽀뇨를 보고 혹시나 해서 "수미 씨, 혹시 뽀뇨가 왼손잡이 아닌가요?"라고 아내에게 물어보았다. 아내는 아닌 것 같다고 했다. 아내에게 돌아가신 아버지가 왼손잡이인 것을 숨기고 "우리 아는 사람 중에 왼손잡이 없지?" 하고 물었지만 아내 역시 없다고 해서 한동안 잊고 지냈다.

그런데 한참 젓가락질을 하는 뽀뇨를 보고는 이제 더이상 아내나 나나 모른 척 하기가 어렵게 되어버렸다. 양손도 아니고 왼손으로 젓가락질을 하는 뽀뇨를 발견하였기 때문이다. '왼손잡이'라는 생각에

이 말부터 입 밖으로 튀어 나왔다.

"어떻게 하지? 수미 씨, 뽀뇨가 왼손잡이인가 봐요."
"그러게요. 엄마한테 불편한 점이 어떤 게 있는지 물어봐야겠어요."
"엥? 장모님이 왼손잡이셨어요?"
"네."
"나도 이야기를 안 했는데 돌아가신 우리 아버지도 왼손잡이셨어요."

서로에게 말은 하지 않았지만 아이가 왼손잡이인 것을 보고 나는 아버지를, 아내는 자신의 어머니를 떠올리고 있었던 것이었다. 그날 저녁 우리는 사돈 양가에 왼손잡이가 있다는 사실을 알고는 '뽀뇨가 왼손잡이'인 것을 자연스럽게 받아들이기로 했다. 그리고 아내는 바로 장모님께 전화를 걸었다.

"엄마, 왼손잡이로 살면서 불편한 거 없어요?"
"많지. 근데 살면서 자연스럽게 적응이 되니까 걱정하지 마."

뽀뇨가 '왼손잡이'라는 것을 알게 된 날 밤 늦은 시간, 뽀뇨는 두꺼운 육아잡지를 첫 페이지부터 끝 페이지까지 오랫동안 넘기며 본다. '촤르륵 촤르륵' 페이지가 넘어가는 소리가 들릴 때마다 뽀뇨가 왼손잡이로 살면 불편하지 않을까, 하는 걱정부터 들었다. 필기를 하다 보면 연필이 손에 묻어서 얼마나 불편할까, 식사를 하다 보면 오른손잡이 옆 사람과 팔이 부딪혀서 얼마나 불편할까, 심지어 냉장고를 열 때도 얼마나 불편할까,라는 생각을 하다 보니 '촤르륵 촤르륵' 걱정이 쌓이는 소리가 들렸다.

아이들 교육에 관심이 많은 아내는 "왼손잡이 비율이 30퍼센트가 넘는데도 왼손으로 글씨를 쓰는 사람이 1퍼센트 정도밖에 안 된다고 해요. 그만큼 왼손이 불편한 거지"라며 왼손잡이의 삶을 이야기한다. 왼손잡이로 태어났지만 불편을 감수하며 오른손잡이로 살 수밖에 없는 것이다.

뽀뇨는 왜 왼손잡이로 태어났을까, 아버지의 아스라한 모습이 떠오르는 그 왼손잡이로 말이다. 아내가 "걱정이 많이 되는데 뽀뇨에게 오른손 쓰는 법을 가르쳐야 할까요?"라고 묻는다. 나는 "아니에요. 본인이 필요하다고 생각할 나이가 될 때까지 한번 놔둬봅시다"라고 이야기했다. 우연히 뽀뇨가 태어난 지 두 달 만에 노리개를 잡고 흔들며 노는 영상을 찍은 것을 보았는데 알고 보니, 그때부터 천상 '왼손잡이'였다. 왼손으로 노리개를 흔들었던 것이다.

뽀뇨는 아빠의 서투른 오른손 젓가락질보다 젓가락질을 더 잘한다. 뽀뇨의 왼손이 돌아가신 아버지를 떠올릴 때면 그동안 생각하지 못했던 '할아버지와 손녀' 관계를 인정하지 않을 수 없다. 잊고 있던 아버지의 모습을 인정하게 된 것이다.

아이를 키우고 살아가는 것은 나의 유년 시절을 돌아보는 일이고 부모·자식간의 관계를 복원하는 일인 것 같다. 서울도 먼 곳이지만 바다를 건너야 하는 제주에 와서 "우야, 엄마가 갑자기 아프면 어떻게 하려고 그 먼 제주까지 가냐"라는 이야기를 창원에 계신 홀어머니에게 들을 때면 마음 한켠이 아팠다. 서울에서는 '바쁘다'는 핑계로 멀리 창원에 계신 어머니를 챙기지 못했는데 이제 '바쁘다'는 핑계가 없어졌으니 더욱 가족에 대해 생각하게 된다. 뽀뇨에게 '가족이 멀리 있어서 못 간다'는 핑계가 아니라 '가족이 멀리 있기에 얼굴을 보기 위해서라도 자주 가야 된다'는 핑계를 만들어야겠다고 다짐을 하는 것이다.

몸은 제주에 있지만 창원 시골의 누런 황토흙에 누워 볕을 쬐고 계실 아버지와 전주에서 손녀를 그리워하실 장모님을 생각하니 뽀뇨의 왼손이 마치 나와 가족을 이어주는, 나와 육지를 이어주는 매개체라고 느껴진다. 장성하여 부모 곁을 떠났지만 가족은 늘 그렇게 연결되어 있음을 뽀뇨를 통해 깨닫는다.

ⓒ공석진

제주라서 정말 다행이야

나는 그저 내 딸 뽀뇨와 함께 하고 있는 이 작은 매일매일이 소중할 뿐이다.
그리고 그런 시간을 충분히 허락할 수 있게 해준 이 아름다운 제주와
자연환경에 하루에도 몇 번씩 감사의 마음이 절로 든다.

제주에 사니 어떠냐는 질문은 사람들로부터 가장 많이 받게 되는 질문이다. 늘 받는 질문인지라 답변 또한 항상 같다.

"여러 가지로 좋아요. 형도 내려오실래요? 한 달 여행 온다는 기분으로 내려와서 한번 살아보세요."

제주를 사랑하여 제주로 내려왔지만 삶의 근거지를 옮길 생각을 한 데에는 '탈서울'에 대한 평소의 생각도 크게 한몫을 했다. 왜 사람들은 똑같은 목표를 갖고 아등바등 살아가야 하는 걸까? 늘 피곤하고 쳇바퀴 돌아가는 일상에 틈을 만들 수는 없는 걸까? 이러한 허무맹랑한 생각에 단초를 제공한 것은 〈한겨레 21〉의 독자 편집위원이 되어 김형태(황신혜밴드)씨와 하게 된 인터뷰였다.

"항상 똑같은 시간에 일어나 똑같은 교복(양복)을 입고 똑같은 학교(직장)에 갑니다. 이런 생활에서 조금만이라도 벗어나면 낙오될까봐 두려워합니다. 하지만 벗어나보면 아무 일도 일어나지 않습니다. 오히려 자유로워지죠."

이 인터뷰가 결정적인 계기는 아니지만 우리 세 식구는 자유로워지기 위해 아무런 연고가 없는 제주에 내려왔다. '아무런 연고 없음'은 타지에 정착하는 초기 과정에서 가장 큰 어려움이다. 하지만 어느 정도 적응하는 기간을 가진 후에 누구의 시선이나 간섭도 없이 계획한

대로 실행해가면 될 것이다. 그러다 보면 점차 당면한 문제는 차차 해결이 될 것이라는 긍정적인 마음으로 제주생활을 이어갔다. 이런 정착의 과정이 수월하게 된 배경의 일등공신을 꼽는다면 '온 가족의 힘을 오직 한 가지에만 집중할 수 있는 생활환경'이라고 할 수 있다.

제주에서는 도시에서처럼 내 삶을 방해하는 사람이나 일이 없이 대체로 9시에 일어나 출근을 하고 6시가 되면 막바로 퇴근하여 가족과 내일을 도모하는 평화로운 일상을 살 수 있었다. 아내와 내가 맞벌이를 하면서 서울에서 직장 다닐 때와 비교한다면 정말 평화 그 자체인 일상이었다. 어찌 보면 새벽 5시에 일어나 영어 학원을 다니고, 퇴근하면 늘 밤 10시가 넘었던 도시에서와는 달리 매우 '심심하고 단조로운' 생활이기도 했다. 하지만 이런 단순한 삶은 내 마음에 심리적인 여유를 주었고, 가족과 꾸려가는 삶에 더욱 집중할 수 있게 해주었다.

아빠, 엄마가 '생활하는 공간'과 달리 아이가 '자라는 공간'은 남다르게 관심을 기울일 수밖에 없다. 유년기의 모든 기억들이 아이의 뇌리 속에 박히게 될 것이기 때문이다. 그만큼 아이의 성장에 매우 중요한 역할을 하는 것이 공간이다. 나는 (도시생활에 익숙해질 대로 익숙한) 아빠, 엄마에게는 낯설 수 있는 공간이 아이에게는 제일 익숙하고 편안한 공간이 된다는 생각에 '지역'이라는 터전을 다시 바라보게 되었다. 제주에 뿌리를 내리는 데에 아이에게 가장 필요하고도 중요한 인식의 변화가 생긴 것인데 중심부를 벗어나 '지역'을 아이에게 중요한 삶의 공간으로 인식하게 된 것이다.

'제주에서의 육아'는 다양한 점에서 도시에서의 육아보다 장점이 있다. 저임금 구조로 큰 돈벌이는 힘이 들지만 거주민들의 대부분은 '돈'에 얽매이는 삶을 살지 않는다. 다른 지역보다 상호부조 문화인 '수눌음 정신'이 남아 있는 곳이기도 해서 '공동 육아'라는 가치를 생활에서 어렵지 않게 실천할 수 있다.

그리고 여러 차례 이야기했지만 천혜의 자연환경은 그 어떤 육아 환경보다 아이의 건강한 성장에 큰 도움을 주었다. 제주에도 도시에 있는 어린이집과 키즈카페가 있긴 하지만, 그보다도 좋았던 것은 동서남북 어디든 바다와 해수욕장이 있고 가까이에 곶자왈과 한라산이 있다. 뽀뇨는 '제주 이민의 첫 열매'이기도 하지만, 우리 가족 중에서 제주 이주로 가장 혜택을 본 사람이 아닐까 싶다. '제주'를 그저 '작은 섬'으로만 바라보고 있는 한 후배가 "부모야 제주에 살고 싶어서 온 거라지만, 아이는 무슨 죄가 있어서 서울에서 내려와 제주에 태어난 거래요"라는 말을 던져 마음에 잠시 파문을 일었던 적도 있지만 내 생각은 그 후배와 다르다. 탁 트인 하늘과 바다, 밤이 되면 빛나는 별, 거침없이 부는 바람과 매일매일의 모습이 장관인 구름을 보고 자라는 뽀뇨는 이미 엄청난 유년의 자산을 가진 것이 아닐까? 물론 이 또한 아빠만의 생각일 수도 있다. (나중에라도 성인이 된 뽀뇨가 이 글을 읽게 된다면 아빠의 생각이 맞는지 살짝 알려주었으면 한다.)

제주 이주와 관련된 글을 쓴 책의 저자가, 그 책의 인터뷰이로 참여했던 나에게 이런 질문을 던진 적이 있다. "앞으로 아이를 어떻게 키우실 건가요?" 육아방식이 남다를 거라고 생각해서 던진, 의도가 있는 질문이라는 생각이 들었다. 그런데 그 의도에 부합하는 대답을 하기에 나의 대답은 너무 싱거웠다.

"사실 아직 잘 모르겠습니다. 아이랑 그냥 이 순간을 즐기며 노는 게 좋아요. 그뿐이에요."

그렇다. 나는 그저 내 딸 뽀뇨와 함께 하고 있는 이 작은 매일매일의 일상이 소중할 뿐이다. 그리고 그런 시간을 충분히 허락할 수 있게 해준 이 아름다운 제주와 자연환경에 하루에도 몇 번씩 감사의 마음을 갖는다. 가족의 가치를 좀 더 생각하게 해준 제주, 딸과 더욱 가까워질 수 있게 해준 제주. 그래서 나는 지금 이렇게 말한다.

"제주라서 정말 다행이야."

PART 2

즐거움이 한가득,
제주와 함께 아이가 자란다

매일 바다와 하늘을 보며
자라는 아이

뽀뇨가 한참 해변을 따라 까르르까르르 웃으며 뛰어가는 사이, 나는 뽀뇨의 뒤를 쫓아 천천히 해변을 걸으며 바다의 풍광을 즐긴다. 아이를 돌볼 목적으로 일부러 나서게 될 때가 많은 바닷가이지만, 해가 지는 광경을 마주하게 될 때에는 천국이 따로 없구나 싶을 정도로 아름다워서 넋을 놓고 볼 때가 한두 번이 아니다.

여유롭고 자유로운 삶을 찾아 제주를 찾은 아빠를 닮아서 그런지 뽀뇨는 제주의 여러 풍경들 중 유난히 제주의 바다를 좋아한다. 특히 3살 무렵부터는 그전과는 비교할 수 없이 원없이 제주 바다를 즐겼다. 평소에도 딸바보인 제 아빠를 어찌나 잘 구슬르는지 차만 탔다 하면 코맹맹이 소리로 "아빠, 우리 바다 가까?"라며 이야기하는 뽀뇨. 어떤 때에는 매번 가는 바닷가가 뭐가 그리도 좋을까 싶은 생각도 들지만 놀이터에서 하는 모래장난과 비교하면 규모에서나 풍경에서나 바닷가 모래사장이 아이의 마음을 잡아끄는 건 당연하단 생각이 든다.

어느 날은 모래로 가득한 이호테우 해변을 아빠와 함께 '나 잡아봐라' 놀이를 하며 마음껏 달린 뒤, 일부러 넘어져서는 온몸에 모래를 가득 묻혀 아빠를 곤란하게 만들었다. 심지어는 "뽀뇨, 일부러 넘어졌어~" 하고 아빠에게 장난을 건다. 뽀뇨는 원담(제주 해안에서 볼 수 있는 돌담으로, 밀물과 썰물의 차이를 이용해서 돌담 안으로 들어온 고기를 잡는 일종의 어로장치)이 있는 얕은 물가로 들어가기도 하고, "아빠, 우리 보말 따까?" 하면서 돌에 붙은 보말을 구경한 뒤 손으로 냉큼 잡아서 아빠에게 보여주기도 한다. 이 순간들이 바로 살아 있는 생태체험의 순간들이 아닌가 싶다.

경남 창원의 시골 출신인 나는 어릴 적에는 바다에 가서 물놀이를 해본 기억이 없다. 그런데 제주에 정착해 살면서부터는 '매일 바다에 산다'는 표현이 어울릴 정도로 바다에 일상적으로 자주 나가게 되었다. 물론 내가 자란 고향에도 작은 연못을 비롯해 낙동강 지류같이 한여름이 기다려지는 물놀이터들이 있기는 했지만, 뽀뇨가 매일 몸을 담그고 노는 제주 바다만큼 물놀이를 즐길 곳은 많지 않았다. 이런 나의 어린 시절과 비교하면 뽀뇨의 어린 시절은 정말 자연의 에너지로 가득한 풍요로운 날들일 것이다.

뽀뇨가 한참을 해변을 따라 까르르까르르 웃으며 뛰어가는 사이, 나는 뽀뇨의 뒤를 쫓아 천천히 해변을 걸으며 바다의 풍광을 즐긴다. 아이를 돌볼 목적으로 일부러 나서게 될 때가 많은 바닷가이지만, 해가 지는 광경을 마주하게 될 때에는 천국이 따로 없구나 싶을 정도로 아름다워서 넋을 놓고 볼 때가 한두 번이 아니다.

뽀뇨와 이호테우 해변을 찾은 날에는 풍등이 바람을 타고 하늘로 올라가는 모습을 볼 수 있었는데 해가 지는 하늘과 하늘을 물들이는 석양, 마침내 물 밑으로 사라지는 태양을 바라보며 해안가를 걷는 느낌은 이루 말로 표현할 수가 없었다. 마치 내가 풍등이 된 것처럼 몸은 모래 위에 있지만 마음은 이미 하늘 위에 붕 떠 있었다.

그렇다면 제주 바다에 고요함만 있을까? 바다에는 고요함도 있지만 '파도'라는 활력이 있기에 어린 뽀뇨에게 다채로운 즐거움을 주는 놀이터가 된다. 뽀뇨를 튜브에 태우고 바닷속에 들어가면 이내 파도가 거칠게 해변으로 밀고 들어오는 통에 몸이 바다에 떴다가 가라앉기를 반복한다. 바다를 좋아하긴 하지만 겁이 많은 뽀뇨는 튜브를 타고 있으면서도 아빠의 허리춤을 감싸안는다. 뽀뇨가 탄 튜브를 밀어주며 물장구를 치고 노는 사이, 아빠와 딸 사이의 벽이 무너지고 우리는 그냥 친한 친구 사이가 된다. 파도와 노느라 짠내 나는 바닷물

을 들이켜기도 하고 가끔은 해파리에 쏘여 살짝 통증이 느껴질 때도 있지만 바다는 이 모든 것을 잊게 하는 거대하고 아름다운 자연이다.

부모로서 가장 큰 기쁨이 무엇이냐고 물어본다면 사람으로 태어나 또 하나의 온전한 사람을 길러내는 일이라고 대답하고 싶다. 그렇기에 나의 제주생활에서의 가장 큰 기쁨은 지금처럼 뽀뇨에게 드넓고 푸른 제주 바다를 보여주고 그곳에서 불어오는 온화한 바닷바람 속에서 아이의 성장을 지켜보는 일이다. 내 딸아이가 지금의 시간을 신나게 즐기듯이 앞으로도 늘 그렇게 아름다운 제주의 바다와 하늘, 구름과 바람을 기억했으면 좋겠다. 물론 그 속에 살아가는 사람들에 대한 기억도 아름답게 기억했으면 한다. 그리고 누군가가 뽀뇨에게 고향이 어디냐고 물어본다면 자랑스럽게 "제주도요"라고 말할 수 있기를 바란다.

한라산을 넘어넘어

아이도 그 순간 한 뼘 자랐겠지만 아빠도 아이와 함께 성취를 맛볼 수 있어서
너무나 행복했던 그 순간…… 아빠도 하루가 다르게 무럭무럭 자란다.
아이처럼.

서울에 있을 때는 가끔 북한산을 오르곤 했다. 휴일을 맞아 버스를 타고 등산객들 틈에 끼어 찾은 북한산은 나에게 동네 뒷산과도 같았다. 비교적 평탄한 코스라고 할 수 있는 구파발 쪽에서 대남문을 거쳐 구기터널 아랫동네로 내려오는 코스였는데, 쉽지도 어렵지도 않은 것이 '산이 그곳에 있어 올랐다'라는 이야기처럼 그렇게 수시로 산을 올랐다.

제주에 와서는 한라산 등반을 두 번 정도 한 경험이 있다. 두 번 모두 백록담까지 오르는 것이 목표가 아니었다. 한 번은 파워블로거를 인터뷰하기 위한 목적으로 성판악 코스로 갔는데 백록담 아래쪽에 있는 사라오름까지 등반했다. 그리고 또 한 번은 어떤 행사에 참여하게 되면서 어리목 - 윗세오름 코스를 등반하게 됐다.

3살짜리 뽀뇨와 과연 한라산을 오를 수 있을까? 나는 뽀뇨를 데리고 윗세오름 정도는 오를 수 있겠다고 무모하게 자신해버렸다. '3살 아이를 데리고 세계여행도 하는 분이 계신데, 한라산이 무슨 대수랴' 이런 마음으로 기어이 일을 저질렀다.

드디어 한라산 출발 당일.

막상 눈앞에 일이 닥치니 '과연 아이를 데리고 산을 잘 오를 수 있을까?', '분명히 안아달라고 할 텐데 그땐 어떻게 해야 할까?' 등등의 고민들이 머릿속에서 뻗쳐나오기 시작했다. 딱히 어떻게 대응해야 한다는 아이디어가 떠오르지 않는 상황에서 주위 사람들이 이러저러한 말들을 한마디씩 던졌다.

"3살 아이가 과연 윗세오름 코스를 소화할 수 있을까? 내가 볼 땐 힘들 것 같은데……."

"아니야, 우리 조카는 3살 때 아빠랑 등산을 했다구. 우리 내기 한 번 해 볼까?"

뽀뇨의 등반을 두고 내기를 하는 사람들처럼 내 마음속에서도 뽀뇨가 해낼 수 '있다', '없다' 두 가지 생각이 끊임없이 씨름을 했다. 그리고 내린 결론은, '어떻게든 되겠지!' 그렇게 마음을 정하고 나니 '그래, 가는 데까지 가보는 거야'로 나름의 방침을 세웠다. 내가 세운 원칙은 '절대 안고서는 단 1미터도 움직이지 않는다!'

다행히 평지에서 뽀뇨는 아빠의 손을 잡고 앞서거니 뒤서거니 하면서 잘 따라와주었다. 그리고 오늘의 난코스, 오르막이 나타났다. 나는 애초에 세운 원칙을 바탕으로 아이의 손을 붙잡고 한 계단, 두 계단을 오르기 시작했다. 이미 일행과는 떨어진 지 한참이 되었다. 그러다 한참 길을 오르는 우리 부녀를 본 아주머니가 한 마디 말을 툭 던졌다.

"아가야, 네가 고생이다. 아빠를 잘못 만나서."

어이쿠! 부모가 애 고생시킨다는 말이다. 맥이 빠졌지만 그래도 올라가는 내내 만났던 아주머니와 아저씨들은 "대단하다", "용감하다" 등의 감탄사를 연발 쏟아내며 뽀뇨를 격려해주었다.

그 말이 자신을 향한 것인 줄 알았는지 뽀뇨도 하산하는 아주머니, 아저씨들의 "파이팅"을 맞받아치며 신이 한껏 났다. 등반 중이었던 한 아주머니는 뽀뇨의 다른 쪽 손을 잡아주며 10여 미터를 함께 신나게 올라가기도 했다. 양손을 어른들에게 잡힌 채 한 걸음, 두 걸음 올라가던 뽀뇨는 흥이 절정에 다다라 "오리 꽥꽥, 병아리 삐약삐약"을 내뱉으며 차근차근 계단을 올라갔다. 안아주지 않았는데도 이렇게 오르막길을 잘 오를 수 있다니……. 칭찬은 고래를 춤추게 하는구나, 싶은 마음이 절로 들면서 새삼 '칭찬요법'의 극적인 효과를 체감하게 됐다.

하지만 칭찬받은 고래가 너무 어린 탓에 점점 지쳐만 가는 모습이 보였다. 많이 힘들어하지는 않는지, 혹여 아픈 곳은 없는지 아이의 상태를 함께 살피며 등반하는 아빠 역시 힘겨워하는 고래를 보자 덩달아 힘이 쭉쭉 빠지고 심리적으로 불안해지기 시작했다.

이런 힘든 시기에 우리를 살린 구세주가 있었으니! 그것은 바로 산에서 만난 아저씨들이 건네준 초코바였다. 초콜릿에 땅콩, 그리고 캐러멜까지 섞여 있으니 뽀뇨 입맛에는 환상적인 맛이었을 것이다. 뽀뇨의 발걸음도 어느새 가벼워졌다.

아이를 데리고 산행을 하니 나름의 장점도 있었다. 아이를 살피는 일에 정신을 뺏기긴 하지만, 아이의 템포에 맞춰 느리게 걷다 보니 신체적으로는 큰 힘이 들지 않았다. 세 발자국 올랐다가 쉬고, 뽀뇨를 잠시 안아주었다가 내려놓고 쉬고, 새가 날아가면 시선을 뺏겼다가 쉬고…… .

　그래도 탁 트인 곳까지는 가서 하늘을 쳐다보고 하산을 해야 하는데, 하산하는 사람들 말에 따르면 남은 구간의 길이는 제각각이었다. 결국 애초에 세운 원칙을 허물고 마지막 20미터 정도는 뽀뇨를 안고 뛰어 간신히 헉헉거리며 사제비동산에 도착했다. 이러저러한 우여곡절 끝에 1,400미터를 넘어 한라산 중턱의 평지에 다다른 것이다. 사제비동산에서 우리는 나무데크가 깔린 넓은 쉼터에서 만난 아주머니들과 함께 김밥을 먹으며 잠시 숨을 돌렸다. 역시 '밥심'이라고 속이 든든하게 채워지자 올라온 길을 다시 내려갈 용기가 새삼 충전되는 듯했다. 이제 이 힘으로 한달음에 내려가는 거다, 뽀뇨야!

　내려올 때는 올라가는 길보다 아이에게 위험하기도 했고, 시간적으로도 여유가 많지 않아서 기저귀 가방으로 뽀뇨를 받쳐 후다닥 내려오는 방법을 택했다. 내려오는 도중에 내가 뽀뇨에게 가방을 잘 붙잡으라고 한 말을 뽀뇨가 따라하는 것을 본 한 등산객은 "효녀네요"라고 치켜세웠다. 뽀뇨 평생에 들을 "대단하다", "용감하다"라는 이야기를 하루만에 다 들은 날, 나는 "아빠 잘못 만나서 고생이다"라는 말로 시작해서 "대단한 아빠다"라는 칭찬으로 하루를 마무리할 수 있었다.

　그렇게 우리의 한라산 산행은 마무리되었다. 결과적으로 3살 아이를 데리고 한라산에 오르는 것은 쉽지 않은 일이라는 생각이 들었다. 하지만 아빠를 믿고 잘 따라와준 아이를 보고는 '내가 낳은 아이가 맞나' 싶을 정도로 놀라운 마음이 들었다. 아이에게 칭찬은 어떠한 일

을 할 때에 큰 동기부여가 되고, 행동이 늦더라도 부모가 기다려줄 수만 있다면 그저 두려워만 할 일은 아니라는 것을 한라산 산행을 통해 깨달을 수 있었다. 힘들게 한 발 한 발 걸어 올라가 높은 산자락에 서서 하늘을 보았을 때, 뽀뇨가 느꼈을 성취감은 얼마나 컸을까? 아이도 그 순간 한 뼘 자랐겠지만 아빠도 아이와 함께 성취감을 맛볼 수 있어서 너무나 행복했던 그 순간…… 아빠도 아이처럼 하루가 다르게 무럭무럭 자란다.

아이와 함께 오를 만한 한라산 등반 코스

성판악에서 사라오름까지
(5.8km, 성인 기준 2시간, 064-725-9950)

성판악 탐방안내소에서 백록담으로 올라가는 구간의 중간쯤에 사라오름이 있다. 계단으로 되어 있고 비교적 평탄하며 사라오름 전망대와 오름 정상의 호수 경관이 기가 막혀서 아이와 산행을 해보는 것이 좋을 것 같다. 코스의 길이가 길다 보니 입산시간이 정해져 있는데 동절기에는 9시, 하절기에는 10시 전까지 입구에 도착하여 등산을 시작해야 한다. 산에 오르는 길이 완만하긴 하지만 반드시 등산화나 편안한 운동화를 착용해야 하고, 오르면서 날씨가 어떻게 변할지 모르니 모자와 긴팔, 간식거리를 준비해야 한다.

어리목에서 사제비동산까지
(2.4km, 성인 기준 1시간, 064-713-9950)

이 코스는 어리목 탐방로에서 제일 경사가 심해 힘든 코스이다. 이 코스까지만 걸을 수 있다면 만세동산, 윗세오름, 남벽분기점까지 평탄하고 길이 좋은 편이다. 만약 사제비동산까지 무리 없이 올랐다면 남벽분기점까지 도전해봐도 좋을 듯하다. 등산을 한두 번 해본 아이라면 도전해볼 만하지만 억지로 가는 것보다는 쉬엄쉬엄 쉬어가며 한라산의 정취를 느껴보는 것이 좋을 듯하다.

뽀노,
최연소 올레꾼이 되다

아빠에게 안겨서 걸었어도 자기 나름대로 피곤이 쌓였는지 차를 타고 노형동
집으로 돌아오는 길에 뽀노는 내내 깊은 잠에 빠졌다. 그런 아이를 물끄러미
바라보며 마음속으로 "뽀노야, 커서도 올레길 많이 걸으렴" 하고 조용히 말을 건넸다.

일상의 대부분을 뽀뇨와 함께 하다 보니 자연스럽게 생업의 연장선에서 이루어지는 공식행사에도 아이를 데리고 참석하게 된다. 그중 개장을 앞둔 올레길을 걷는 행사는 나와 뽀뇨에게 큰 도전이 아닐 수 없었다.

걸어본 사람은 알겠지만 올레길은 바람이 많이 불고, 한낮의 햇볕은 따가우며(바야흐로 때는 5월이었다), 바당올레(바닷가 옆에 난 올레)인 경우에는 울퉁불퉁한 돌길을 걸어야 하는 일도 생기기 때문에 10킬로그램의 체중이 나가는 아이를 데리고 걷는 데에는 나름의 의지와 각오가 필요했다. 다른 때 같았다면 아내에게 양해를 구하고 뽀뇨를 잠시 맡겼을 텐데, 마침 아내는 생태해설사 양성교육을 받고 있을 때라 뽀뇨를 봐줄 수 없는 상황이었다.

사정이 이랬기 때문에 나는 결국 손을 잡고 가든, 들쳐메고 가든 어떻게든 데리고 완주할 수 있겠거니 하는 마음으로 뽀뇨를 데리고 올레길 개장 행사에 참여했다. 길을 걷다가 꽃을 만나면 꽃과 대화하느라 한 번 쉬고, 지나가는 할머니를 만나면 할머니와 인사하느라 또 한 번 쉬어야 하는 뽀뇨를 데리고 올레 코스 도전에 나선 것이다. 이런 나의 식은땀 나는 사정과는 별개로 김녕서포구에서 바라보는 바다 풍광은 너무 아름다웠고 하늘과 바다가 맞닿아 있는 수평선도 마음을 편안하게 해주었다.

간단한 개장식 행사가 끝나자 시작을 알리는 말도 없이 이미 사람들이 줄을 지어 새로 열린 올레길을 걷기 시작했다. 삼삼오오 모여서 왁자지껄하게 웃고 떠들며 걷는 틈에 뽀뇨와 나도 섞여서 출발했다.

포구로 이어지는 골목길이 좁아서 첫걸음부터 어쩔 수 없이 뽀뇨를 안고 출발했는데, 전날 저녁에 먹은 맥주가 속에서 부대끼는 상황인 지라 시작부터 발걸음이 무거웠다. 겨우 200미터 정도 갔을까? 김녕 해수욕장이 보이는 초입의 정자에서 잠시 쉬면서 사진을 남겼다. 이렇게 아름다운 올레길을 매일 걸을 수 있는 제주 사람들은 정말 복을 타고 났구나, 하고 새삼 감탄도 하면서.

한숨 돌리고 나니 차차 길이 넓어졌다. 덕분에 뽀뇨를 내려놓을 타이밍을 잡을 수 있었다. 정말 다행이었다. 그런데 이 녀석, 도로에 내려놓는 순간 가열차게 달리기를 시작한다. 마치 100미터 달리기 선수가 된 것처럼 달려가 혹시나 넘어질까봐 조금 전에 겨우 한숨 돌린 나는 놀멍 쉬멍 하지 못하고 함께 달리기를 해야만 했다. 정말 육아는 예측할 수 없다더니, 올레길에서도! 하지만 이내 마음을 긍정적으로 다잡았다. 개장식이었던지라 언론에서 취재를 하러 오다 보니 사진 찍는 사람도 제법 보였는데 '혹시 뽀뇨가 9시 뉴스에 나오는 거 아냐'라며 기분 좋게 마음을 돌리고 녀석의 뒤를 따랐다.

그런데 이런 들뜸도 잠시, 갑작스레 고행의 시간이 열렸다. 넓은 아스팔트 길이 끝이 나고 해안가의 좁은 길로 들어서게 된 것이다. 혼자 혹은 또래 어른들과 걷는 길이었다면 바다를 조금 더 가까이 느낄 수 있고 걷는 재미도 있는 바닷길이었겠지만 아이를 안고 바닥이 험한 길을 걷다 보니 이거 정말 '사서 고생 아닌가' 싶은 생각이 들었다. 정말이지 헉 소리가 절로 났다. 뜨거운 햇볕 아래 그늘 하나 없는 해안가 올레길에 한줄기 바람마저도 없었으면 어땠을까 싶었다. 머릿속으로 그런 생각들을 하는 사이, 내 팔은 뽀뇨를 오른쪽으로 안았다가 다시 왼쪽으로 옮겨 안느라 분주했다.

이런 아빠의 마음과 점점 바닥나고 있는 체력은 안중에도 없는지 파란 바다와 하늘에 기분이 절로 좋아진 뽀뇨는 내 팔에 안기어 신나게 비명을 질렀다.

"야, 바다다! 야, 구름이다! 어, 비행기도 있네!"

그 사이 행사 관계자 일행들을 놓쳐버린 지는 이미 오래. 아마 그 상태로 뽀뇨를 안고서 한 시간여를 더 걸었던 것 같다.

다행히 하늘이 무너져도 솟아날 구멍이 있다고 했던가. 아빠의 체력이 방전되고 팔이 빠지려는 순간, 다시 아스팔트길에 당도했다. "이제 살았다"하며 뽀뇨를 내려놓으니 이번에도 뽀뇨는 뜀박질을 시작했다. 녀석을 따라잡느라 같이 뜀박질을 하고 있는데, 지나가는 올레꾼들이 한 마디씩 던진다. "이야, 아가가 아빠랑 올레길 걷고 있어요? 최연소 올레꾼이네!" 이 말에 비록 체력은 방전되었지만 기분은 최고조에 올랐다.

어느덧 점심시간이 되어 체력도 보충할 겸, 허기도 달랠 겸 어렵사리 합류한 일행들과 올레길에 있는 작은 음식점에 들어가 간단히 식사를 마쳤다. 그런데 듣던 중 반가운 소식이 있었다. 함께 행사에 참여했던 이사님이 "비행기 시간이 얼마 남지 않았는데 우리 돌아가는 건 어떨까요?"라며 말씀을 꺼낸 것이다. 음식점 안에 있는 수족관 물고기에 정신이 팔린 뽀뇨를 보며 이렇게 걷다가는 오후 시간도 힘들겠다고 걱정하던 찰나, 내심 바라던 말을 듣게 된 것이다.

아쉽긴 했지만, 아이를 데리고 나머지 길을 모두 걷는 건 쉽지 않은 일이긴 했다. 게다가 돌아가는 길도 그리 녹록하지 않은 상황이었다. 식당에서 김녕서포구까지 가는 버스 편은 없어서 지금까지 뽀뇨를 안고 걸었던 길을 다시 똑같은 방법으로 되돌아가야 했던 것이다.

그렇게 한 시간여의 길을 걸었을까. 마침내 처음의 출발지였던 김녕해수욕장에 도착할 수 있었다. 해수욕장에 온 김에 나도 잠시 쉴 겸, 뽀뇨를 물가에 내려놓았다. 오늘 하루 아빠의 수고를 아는지 모르는지 물에 잠시 들어간 뽀뇨는 "이야~" 신나는 비명을 질렀다. 물론 그것도 잠시, 이내 파도를 맞아 고꾸라지더니 짠물을 먹고는 엉엉 울고 말았다.

뽀뇨와는 제주도의 수많은 장소들을 걸었지만 올레길처럼 진하게 기억에 남는 곳은 없을 것 같다. 비록 완주는 하지 못했지만, 뽀뇨가 최연소 올레꾼이 되었던 그 시간…… 아빠에게 안겨서 걸었어도 자기 나름대로 피곤이 쌓였는지 차를 타고 노형동 집으로 돌아오는 길에 뽀뇨는 내내 깊은 잠에 빠졌다. 그런 아이를 물끄러미 바라보며 마음속으로 "뽀뇨야, 커서도 올레길 많이 걸으렴" 하고 조용히 말을 건넸다.

아이와 함께 걸을 만한 올레길 추천 코스

아이와 올레걷기에 대한 조언을 하자면 걷기에 적당한 날씨와 시간을 선택하고 짧은 코스에 먼저 도전해본 후 완주에 도전해도 늦지 않다는 것이다. 아이와 함께 아침저녁으로 산책을 즐겼다고 하면 조금 더 수월하게 진행이 가능할 수도 있다. 올레길 부분 코스 걷기도 좋지만 제주의 산책길 코스, 걸으며 관광이 가능한 명소도 의외로 많이 있다. 제주의 유명한 공원과 명소라 할 수 있는 한라수목원과 한림공원, 천지연폭포, 휴양림, 만장굴, 돌문화공원 등은 기본적으로 걸으며 자연생태를 배우고 관람하는 것이다. 아이의 체력과 기분 상태 등을 고려해서 올레길과 병행해보는 것도 좋지 않을까?

제주에서 살면 살수록 느끼는 것이지만 아이와의 스킨십을 늘리고 서로 이야기할 기회를 많이 갖는 것, 그리고 안전한 공간에서 마음껏 뛰어놀게 할 수 있는 것이 정말 중요하다는 생각이 드는데, 그럴 수 있는 공간이 바로 제주다. 한두 시간의 짧은 거리를 걸으며 산과 바다, 하늘과 구름, 탁 트인 지평선과 수평선을 걷게 된다면 꽉 막힌 아파트와 수직의 도로, 답답한 공기에 짓눌린 아이들에게 잠시나마 해방감을 느끼게 해줄 것이다.

휠체어 코스 활용하기

제주올레에는 장애인을 위한 코스도 존재한다. 휠체어로 이동하기에 편한 올레길이라 할 수 있는데 그 정도라면 아이를 유모차에 태우고 걷기에도 적당할 듯싶다. 모든 코스에 해당되는 것은 아니기에 잘 살펴보고 골라야 한다. 아래 코스 정보는 제주올레 홈페이지의 내용을 그대로 옮겨왔다. 렌터카를 이용할 경우 휠체어 구간의 시작점을 주소로 지정해준 제주올레 사무국의 센스가 돋보인다.

1코스 휠체어 구간
종달리 옛 소금밭(종달리 814-5) ~ 성산항(5.5km, 난이도:중)

4코스 휠체어 구간
해비치호텔(표선리 40-76) ~ 가마리개 쉼터(5.5km, 난이도:중, 바당올레)

5코스 휠체어 구간
국립수산과학원(위미리 785-1) ~ 조배머들코지(2km, 난이도:상, 마을길)

6코스 휠체어 구간
쇠소깍(하효동 995-4) ~ 보목포구(3.2km, 난이도:중, 바당올레)

8코스 휠체어 구간
논짓물(하예동 532-3) ~ 대평해녀공연장(3.7km, 난이도:상, 바당올레)

10코스 휠체어 구간
사계포구(사계리 2147-36) ~ 송악산주차장(5.5km, 난이도:중)

10-1코스 휠체어 구간
가파도 전구간(5km, 난이도:상, 모슬포에서 배 편 이용)

12코스 휠체어 구간
엉알길 입구(고산리 3674-2) ~ 자구내 포구(1km, 난이도:중, 바당올레)

14코스 휠체어 구간
일성콘도(금능리 1625) ~ 금능으뜸해변 입구(2km, 난이도:중)

17코스 휠체어 구간
도두봉 내려오는 길(도두 1동 1741-4) ~ 용연다리 입구(5.1km, 난이도:중, 바당올레)

짧은 코스 활용하기

코스를 처음부터 완주할 목적으로 올레길을 걷는다면 비교적 높거나 긴 코스는 피하는 것이 좋고 아이가 힘이 든다면 업고 가는 것을 염두에 두고 걸어야 한다. 비교적 짧은 코스인 21코스 (10.7km)를 걸어보는 것도 좋다. 전체가 평탄한 길인데다가 지미봉 우회로가 있어서 걷기에 좋다.

21코스 구간
해녀박물관 ~ 종달바당(10.7km)

숲길로 다니기

여름 뜨거운 햇볕에 걸어야 한다면 숲길도 괜찮다. 5코스의 큰엉산책로, 6코스의 해안숲길, 11코스 무릉곶자왈, 19코스 벌러진동산이 긴 그늘에 해당하니 이 코스를 걸어보는 것도 좋을 듯하다. 물길을 걸을 때는 반드시 표식을 잘 확인하며 걸어야 한다.

5코스 숲 구간
큰엉 산책로(큰엉 입구 ~ 신그물, 2km 이내)

6코스 숲 구간
해안숲길(구두미 포구~보목하수처리장, 2km 이내)

11코스 숲 구간
신평무릉곶자왈(신평~무릉 곶자왈, 4km 이내)

19코스 숲 구간
벌러진동산(동복리 마을운동장 ~ 김녕농로, 3km 이내)

제주올레 사무국에서 주최하는 '함께 걷기 행사'에 참여하기

아이들에게 좋은 동기부여를 제공한다. 함께 걸을 수 있는 기회는 제주올레 사무국에서 주최하는 행사들이 있는데 나는 주로 올레길 개장식 행사를 이용했다. 지금은 21개 정규 코스가 끝이 나서 기회가 많지 않지만 혹시 알파코스라도 생기게 된다면 꼭 도전해보았으면 한다.
또 한 가지 좋은 기회는 제주올레 걷기축제에 참여하는 것이다. 걷기 행사가 하루 일정으로 걷는 것에 집중하는 데에 반해, 매년 11월 초에 열리는 걷기축제는 말 그대로 길 위에서 누구나 즐길 수 있는 축제이다. 바다와 오름, 시골의 들녘이 무대가 되어 노래 부르고 춤도 추고 쉼터와 먹거리 장터가 펼쳐지니 볼거리, 먹거리, 사람구경의 기회가 지천에 널려 있다. 제주올레의 놀멍, 쉬멍, 걸으멍의 '간세정신'이 가장 잘 녹여진 축제이고 내가 지금까지 체험한 축제 중에서 가장 다채롭고 흥미로웠다. 언제든 갈 수 있는 공간이 아니라 그때만 경험할 수 있는 '시공간'이기에 더욱 의미가 있다. 여럿이 함께 걷는 기간에는 이동하는 사람들에게 편의를 제공하는 이동수단도 많이 있으니 참고하면 좋다.

+ 아이와 함께 걸을 때 준비물

아이들 체력과 성향을 고려해가며 걸어야 하는데 충분한 먹을 거리와 마실 물, 상비약, 모자와 긴팔옷, 운동화가 필요하다. 아이가 힘들어할 때 부를 콜택시 전화번호를 챙겨야 하는 것은 당연하고 꼼꼼하게 코스를 미리 점검하는 것도 기본이다. 제주올레에서 펴낸 가이드북이 있으니 참조하면 된다.

나는 뽀뇨와 외출할 때, 기저귀와 여벌의 옷, 모자, 수건, 상비약 등을 챙겨간다. 여벌의 옷이나 수건은 혹시나 올레길에서 바다를 만났을 때 반드시 필요하다. 참새가 방앗간을 그냥 지나갈 수 없듯 바닷가에 한번 빠져줘야 올레길의 완성!

김밥 같은 아이 간식도 조금씩 챙겨가면 유용하다. 올레길에는 아이들에게 먹일 만한 음식을 파는 식당이 많지 않다.

+ 비상시 알아두면 좋은 제주 콜택시 번호

1, 2, 3코스, 1−1코스 : 성산 콜택시 064 − 784 − 8585
4, 5코스 : 남원 콜택시 064 − 764 − 9191
6, 7, 8코스, 7−1코스 : 서귀포 택시 064 − 762 − 2764
9코스 : 중문 콜택시 064 − 738 − 1700, 안덕개인 콜택시 064 − 794 − 1400
10, 11코스, 10 − 1코스 : 모슬포 콜택시 064 − 794 − 5200
12, 13, 14코스,14 − 1코스 : 한경 콜택시 064 − 772 − 1818
15코스 : 한수풀 콜택시 064 − 796 − 9191
16코스 : 애월 콜택시 064 − 799 − 9007
17코스 : VIP 콜택시 064 − 711 − 6666
18코스 : 조천읍 함덕 호출택시 064 − 783 − 8288
18 − 1코스 : 추자 교통 064 − 742 − 3595
19코스 : 함덕 콜택시 064 − 783 − 8288
20코스 : 김녕 호출택시 064 − 782 − 2777
21코스 : 구좌 콜택시 064 − 783 − 4994

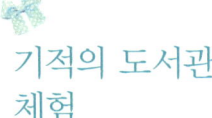

기적의 도서관
체험

독서시간 및 장소는 주로 잠들기 전 침대인데 책을 좋아하는 뽀뇨는 많이 읽고 싶은 욕심에 그날 읽을 동화책을 머리에 이고 올 정도이다.
"아빠, 이거랑 이거랑 이거랑 이거랑…… 음 또 공룡책도 읽어주세요. 마니 마니 아주 마니 읽어주세요."

ⓒ박정은

요즘은 어린이도서관에 아빠들도 많이 찾아서 아이와 함께 책도 읽고 여가시간도 많이 보내지만 아직까지도 도서관을 찾는 아빠보다는 엄마들의 숫자가 월등히 많다. 뽀뇨가 첫돌이 지나면서부터는 아내가 도서관에 신청한 북스타트 교육에 몇 번 참석한 적이 있었는데 10팀이 넘는 가족 중 나 말고 다른 아빠가 참석한 적은 한 번도 없었다. 하지만 아이가 책에 대해 흥미를 가질 수 있도록 단계별로 관심을 높여가는 과정이 놀이에 가깝고 갈 때마다 간식을 나눠주어서 그런지 아빠나 뽀뇨나 재미있게 참석할 수 있었다.

나는 두 곳에서 진행하는 북스타트 교육을 받았다. 한 번은 제주시 건강가정지원센터에서 돌 전후 아이들을 대상으로 하는 프로그램이었고, 두 번째는 제주시 기적의 도서관에서 진행하는 프로그램이었다. 처음에는 '기어다니는 아이들을 대상으로 무슨 책을 읽어준단 말인가' 싶어 참석하는 게 선뜻 내키지 않았지만 아내가 이미 신청을 해버려 어쩔 수 없이 가야 했다. 게다가 다들 엄마들일 텐데 유일한 아빠 참석자로 엄마들의 시선과 관심을 한몸에 받는 청일점이 되는 게 그다지 유쾌한 경험은 아니기에 꺼려졌던 것 같다.

그러나 이런 모든 걱정과 우려는 뽀뇨가 신나하는 것을 보며 눈 녹듯이 사라져버렸다. 프로그램을 진행하시는 분들이 유일한 아빠 참석자라고 칭찬해주고 간식이라도 남을라치면 "아빠 참석자가 두 개 드세요"라고 하며 나를 육아에 관심이 많은 열혈 아빠로 칭찬해주니 어찌 즐겁지 않을쏘냐.

처음 갔을 때는 두 돌도 채 안 되어 말귀를 알아듣지 못하고 수업보다는 옆의 아이가 먹는 과자에 더 관심이 많은 뽀뇨였지만 아빠, 엄마와 함께 특정한 공간에서 다른 가족들과 수업에 참여한다는 것 자체가 '가족'이라는 소속감을 주어서 좋았다.

마지막 수업은 제주시 기적의 도서관 강당에서 진행되었는데 라스트 동화 구연이 바로 로버트 먼치의 『언제까지나 너를 사랑해(love you forever)』였다.

'엄마가 아기가 말썽을 부려도, 말을 듣지 않아도,
그 아이가 커서 어른이 되어도 가만히 노래를 불러주는데
그 노래가 바로 "언제까지나 너를 사랑해"이다'

침착하게 동화를 읽어내려가는 선생님의 목소리를 듣고 있자니 객석에서는 동화 속 어머니의 심정에 공감한 엄마들이 훌쩍 훌쩍 우는 소리가 들리고 나 또한 감동하여 가슴 한켠이 찡해졌다. 아이를 대하는 부모의 마음가짐이란 무엇일까? '육아가 경건하고 세상 어떤 것보다 소중한 것'이라는 자신감을 동화를 통해 마음속에 새길 수 있었다.

도서관 이야기를 하면, 제주시에 있는 '기적의 도서관'을 빼놓을 수가 없다. 뽀뇨는 유아기에 기적의 도서관에서 많은 시간을 보냈는데 유아방에서 책을 읽어주며 쉬기도 하고 큰 아이들 방에서 동화책을 재미있게 읽으며 아빠의 여가시간을 보냈다. 배를 뒹굴뒹굴하며 동화책을 읽다 보면 시원한 곳으로 휴가 온 듯한 느낌이 들어서 아이로부터 잠시 자유로워지기도 했다. 아이들만의 공간에 편하게 누워 있자

©신연호

니 왠지 있어선 안 되는 곳에 있다는 느낌이 들었지만 휴식하기에 이보다 좋은 공간이 없었다.

옆에서 책을 읽는 엄마와 아이가 쳐다볼 정도로 뽀뇨가 혀 짧은 소리, 코맹맹이 소리로 책도 많이 읽었지만 도서관 책장 사이를 이리저리 빠져나가며 숨바꼭질도 많이 했다. 뽀뇨 키보다는 크지만 위압감이 들지 않을 정도의 높이인 책장들이 열을 맞추어 서 있는데 고개를 내밀고 "까꿍" 하고 도망가고 쫓아가는 것이 꽤나 재미있어서 뽀뇨는 '까르르' 하고 웃으며 "아빠, 뽀뇨가 어디 있는지 찾아봐" 하곤 했다. 작은 강당의 계단을 오르내리고 마음에 드는 책들을 꺼내서 펼쳐놓고는 봄날의 따뜻한 햇살을 쬐는 것은 여유로운 자들만의 특권이 아닐까? 적막함까지 도는 어른들 도서관과는 달리 어린이도서관은 아이들이 소리도 지르고 웃고 뛰어다니면서 지식을 탐구하는, 세상 어느 곳보다 매력적인 공간이다. 맘껏 뛰어노는 것도 돈을 지불해야 하는 요즘 시대에 말이다.

한라도서관 또한 참 매력적인 곳이다. 한라도서관은 어린이도서관이 조금 좁기는 하지만 신간 서적들이 많고 쾌적하다. 가끔은 언니, 오빠들이 봉사활동을 하는지 방학 때는 책도 정리해준다. 교통 편은 다소 불편하지만 솔밭이 우거진 조용한 곳에 위치하여 도서관 정취를 더하고 닭과 토끼 등의 동물들을 구경할 수 있는 공간도 별도로 마련해 놓아서 아이들에게 특별한 재미를 주고 있다. 동물원이 없는 제주다 보니 동물들이 몇 마리라도 모여 있는 곳이면 아이들의 관심을 끄는데 제주고등학교의 작은 동물농장도 아이들에겐 훌륭한 학습장이 되곤 한다.

도서관에 자주 가다 보니 아내와 책 이야기를 많이 하게 되는데 우리 가족에게는 나름 독서육아에 대한 원칙이 있다. 억지로 책을 읽히지 않고 자연스럽게 책을 접하게 하는 것이 첫 번째이고 그 나이 때에 읽어야 할 책을 선택하여 읽히되 다독을 권하지 않는다는 것이 두번째 원칙이다.

다양하고 많은 책을 읽혀야 한다는 것이 부모 욕심일 텐데 집에 쌓여 있는 전집들에 주눅들었던 우리 세대의 독서경험은 아이들에게 독서를 강요해서는 안 된다는 나름의 원칙을 만들었다. 집에 있는 책을 골고루 읽어주되 만약 부족하면 아파트 내에 있는 새마을문고나 인근 도서관에서 빌려오는 방식으로 독서습관을 만들어오고 있다.

독서 시간 및 장소는 주로 잠들기 전 침대인데 책을 좋아하는 뽀뇨는 책을 많이 읽고 싶은 욕심에 그날 읽을 동화책을 머리에 이고 올 정도이다.

"아빠, 이거랑 이거랑 이거랑 이거랑…… 음 또 공룡책도 읽어주세요. 마니 마니 아주 마니 읽어주세요."

매일 똑같은 책을 읽어주기가 지루한 아빠는 뽀뇨가 들고 온 책 중에서 그날 읽어줄 책을 선택하게 되는데 대부분 읽어주다가 잠자는 척을 하고 만다. 그러면 "아빠, 눈 떠요" 하며 몇 번 건드리다가 아빠가 도저히 일어날 기미가 보이지 않으면 혼자 큰 소리로 책을 읽곤 한다.

"그래서 고양이가~ 아 멍멍이르을~ 물었어요."

마치 동화 구연하듯 음의 고저까지 섞어 읽는다. 글을 읽지 못하지만 아빠가 읽어준 책의 내용을 기억해내어 그림들을 보고 혼잣말을 하는 것이다. 잠자는 척하며 뽀뇨가 읽는 책 이야기를 듣다 보면 절로 웃음이 난다.

어느 날은 한 장에 한 문장만 큰 글씨로 써 있는 그림책을 반복해서 읽어줄 기회가 있었는데 뽀뇨가 그 책의 글귀를 "풍선불기 선수", "호박굴리기 대장"이라고 정확하게 외워서 읽는 모습을 보고는 감탄을 한 적도 있다. 이래서 부모들이 자기 아이가 천재라고 말하는 구나 싶었다.

뽀뇨에게 책 읽어주기는 비교적 일찍 시작했는데 책에 나오는 글자만 읽는 것이 아니라 최대한 그림책의 정보를 많이 전달하는 방식으로 책을 읽어주고 또 반복해서 읽어주었다. 물론 옆에 있는 다른 집 엄마, 아니 뽀뇨 엄마가 들어도 닭살이 돋을 정도로 몰입해서 말이다. 아이와 책 읽기는 아빠에게도 큰 재미를 선사한다. 유년기의 기억을 되살리는 것은 기본이고 혀 짧은 소리를 내다보면 마치 아이라도 된 것처럼 마음이 순수해진다. 유치하게 보일지 모르지만 아이처럼 사는 것만큼 해맑은 삶이 또 있을까!

제주 곳곳의 특색 있는 도서관

한라도서관

신간 서적이 많은 곳으로 쾌적한 환경과 작은 동물원이 장점이다. 매달 초청 프로그램이 있는데 청강생이 자리를 꽉 메울 정도로 호응이 좋은 편이다. 어린이도서관에 책이 많지만 조금 좁은 것이 아쉽다. 한라도서관이 종점인 버스가 5번과 9번이 있는데 둘 다 터미널을 거쳐서 오고 넉넉하게 두 시간마다 한 대씩 있어서 이용하기에 어렵지 않다.

제주시 오라2동 899-3, 064-710-8655

제주도서관

오래되었고 학생들 열람실 위주인 도서관이다. 신간 서적을 주문하면 금방 도착한다. 학생문화관에선 진학 관련 특강이나 토론회가 가끔 열린다. 교통 편이 조금은 불편할 수 있지만 구제주에 계신 분들이라면 이용해볼 만하다.

제주시 이도2동 414, 064-722-2666

제주 기적의 도서관

어린이도서관답게 유아방을 포함하여 수유방, 동화책방, 소강당 등이 있고 채광이 좋아서 따뜻한 햇볕을 하루 종일 느낄 수 있는 곳이다. 어른들이 읽을 만한 책들도 있고 독립적 공간이 많은 편이라 조용히 책 읽고 쉬기에 좋다.

제주시 이도2동 1128-1, 064-728-8561

달리도서관

구제주에 있는 작은 도서관이지만 월례 특강과 미술치료와 같은 좋은 프로그램이 자주 열린다. 세 명의 여성분이 운영하는 도서관으로 많은 유명인사와 시민들이 책을 기여하기도 하였다. 숙박용 방이 있어서 잠시 쉴 수도 있고 아이와 놀아주기에도 좋다. 뽀뇨 엄마가 제주로 이주하여 정착하는 데에 정서적인 도움을 받고 많은 사람을 만나게 된 곳이다.

제주시 이도2동 1017, 064-702-0236, http://www.dallibook.org

그 밖의 제주 도서관들

우당도서관 제주시 건입동 318, 064-752-4986
탐라도서관 제주시 노형동 1479, 064-742-7395
애월도서관 제주시 애월읍 고내리 1364, 064-799-8488
조천도서관 제주시 조천읍 함덕리 919, 064-728-8571
한경도서관 제주시 한경면 신창리 247, 064-772-3722
서귀포시 중앙도서관 서귀포시 강정동 176, 064-739-1516
서귀포시 삼매봉도서관 서귀포시 서홍동 621, 064-733-1524
서귀포시 동부도서관 서귀포시 신효동 1120-1, 064-767-1524
서귀포시 서부도서관 서귀포시 중문동 1921-1, 064-760-6822
서귀포시 기적의 도서관 서귀포시 동홍동 646-1, 064-760-6824
성산 일출도서관 서귀포시 성산읍 오조리 1138-21, 064-783-4227
안덕 산방도서관 서귀포시 안덕면 화순리 1963, 064-794-2489
표선도서관 서귀포시 표선면 표선리 40-65, 064-787-5488
동녘도서관 제주시 구좌읍 세화리 1198-1, 064-782-5304
송악도서관 서귀포시 대정읍 하모리 1252-1, 064-794-3476
서귀포 학생문화원도서관 서귀포시 동홍동 1460, 064-762-4307
제남도서관 서귀포시 남원읍 남원리 2336-5, 064-764-4651

미로 길 찾기,
인생은 그런 것

우리에게 주어진 길을 얼마나 즐기고 대화하며 걸어갈 것인가가 가족의 행복, 인생의
성공 기준이 아닐까 싶은 생각이 들었던 김녕에서의 하루였다.

아내가 가고픈 곳을 골라 여행을 다녀왔다. 여행이라고 해봐야 어디를 가든 집에서 자동차로 1시간도 채 안 되는 거리다. 육지 사람들이 여행할 때처럼 차가 막히지도 않고, 1박을 해야 할 필요도 없는 당일치기다. 잘 꾸며진 뒤뜰과 같은 한림공원도 다녀왔는데 시원한 동굴이 무려 두 개씩이나 있어 대만족이었다. 어디를 갈까 아내의 선택을 기다렸는데 '김녕미로공원'이 여행지로 결정됐다.

제주도는 멋진 자연환경만큼이나 훌륭한 공원들이 많다. 공원 자체의 볼 거리도 볼 거리지만 가족과 함께 걸으며 이야기 나누기에 적당한 공원들이 많아 가족간의 돈독한 정을 쌓기에 안성맞춤이다. 친구들과 함께하는 여행이라면 '볼 거리'나 '놀 거리'에 탐닉하게 되지만, 가족과 함께 할 때에는 '쉴 거리'와 오랫동안 '함께 나눌 거리'를 생각하게 된다.

에너지를 주체할 길이 없는 뽀뇨는 가는 길에도 종일 아빠, 엄마를 졸라댔다. 우리 부부는 뽀뇨를 미로 숲에서 맘껏 뛰놀게 하기로 정했다. 아침 겸 점심은 엄마가 만든 또띠아 피자로 간단히 해결하고, 자동차로 약 40분을 달려 김녕에 도착했다.

신나게 놀기 직전, 뽀뇨는 가벼운 발걸음으로 미로 입구에 섰다. 붉은 송이(화산암이 깨져서 만들어진 작은 돌)가 깔린 미로에서 길 찾기는 시작되었는데, 입구에 '대체로 30분 안에 길을 찾을 확률이 50퍼센트, 1시간 안에 찾을 확률이 5퍼센트'라는 푯말이 세워져 있었다.

'우리가 그 5퍼센트는 아니겠지'라는 생각과 '넉넉잡고 1시간 정도는 걸어봐야겠다'는 생각이 동시에 스쳤다. 뽀뇨는 "아빠, 빨리 와" 하며 까르르 웃으며 앞서 달리기를 시작한다. "뽀뇨, 뭐가 좋아서 그렇게 웃는 거예요?" 물으며 아빠 역시 부지런히 딸의 꽁무니를 쫓아간다. 대책 없는 세 가족은 때로는 뽀뇨가 이끄는 대로, 엄마가 이끄는 대로, 그리고 아빠가 이끄는 대로 굳이 길을 찾겠다는 생각 없이 미로 사이를 헤맸다. 앞에서, 뒤에서, 옆에서 "어…… 아까 온 길 같은데"라는 말들이 도돌이표처럼 돌고 있지만, 마냥 즐겁게 엄마는 숨기에 바쁘고, 뽀뇨는 찾기에 바빠서 모두의 얼굴이 붉게 달아올랐다.

그렇게 10분쯤을 뛰었을까? 앞서 가던 아내가 "어. 우리 벌써 다 왔나봐. 계단이네!" 하고 외쳤다. '뭐가 이리도 쉬운 인생길이 있나' 싶어 로또 맞은 기분으로 올라보니 역시나 진짜 목적지는 저 먼발치에 있고 우리가 올라선 곳은 가짜 계단이었다. '속았구나!' 그 순간, 최종 목적지에서 종을 치고는 자랑스럽게 의자에 앉아 음료수를 마시는 사람들이 어찌나 부러웠던지…….

김빠진 웃음을 짓고는 계단을 내려서는데 바로 옆 길 통로로 5살 정도는 되어 보이는 꼬마 아이가 길이 아닌 나무 아래 틈을 비집고 억지로 이쪽 통로로 들어오려 안간힘을 쓰는 모습이 보였다. '정말 길을 찾고 싶었나 보네. 근데 여기가 아닌데 어쩌지, 아가야. 인생이 네 맘대로 되는 게 아니란다'라고 마음속으로 아이를 타일러서 돌려보내고 다시 길을 나섰다.

한 번 속았으니 이제 다시 기운내서 걸어볼까 하고 5분쯤 더 걸었을까? 길을 찾으려고 마지막까지 뛰어다니고 가족들을 부르며 떠들썩한 사람들 사이로 진짜 계단이 나왔다. 가짜 계단의 충격이 채 가시지도 않은 상황이라 처음에는 "에이, 설마 진짜겠어?" 하고 오르는데 이번엔 진짜 계단이었다. 올림픽 금메달이라도 딴 듯 사람들은 차례차례 계단을 자랑스레 오르고는 종을 쳤다.

땡! 땡! 땡!

길을 찾겠다는 생각보단 시간이 멈춘 듯한 공간에서 아내와, 뽀뇨와 계속 머무르고 싶은 욕심이 가득했던 우리 가족의 길 찾기. 우리 누구도 인생이란 미로를 스스로 선택한 사람은 없을 것이다. 다만 그 길에 던져졌을 뿐이다. 그리고 그 길을 갈 뿐이다. 누군가는 5분 만에 길을 찾을 것이고 누군가는 5퍼센트가 되어 1시간 만에 길을 찾을 것이다. 공평한 것은 인생길을 헤매더라도 누구나 끝내는 종을 치기 마련이라는 것이다.

마지막 계단에 있는 종을, 목적지에 가기까지 열심히 뛰어다닌 뽀뇨에게 직접 치게 했다. 종을 치는 순간에는 아이가 금메달이라도 딴 것처럼 아빠의 가슴은 부풀어 올랐다. 아이에게 작은 성취감이라도 줄 수 있었기 때문이었다.

땡! 땡! 땡!

우리에게 주어진 길이 어떻게 펼쳐지든 얼마나 즐기고 대화하며 걸어갈 것인가가 가족의 행복, 인생의 성공 기준이 아닐까 싶은 생각이

들었던 김녕에서의 하루. 이날 얻은 삶의 교훈이 무색하게 나의 저질 체력은 하루의 피로를 이기지 못하고 폭풍같이 쏟아지는 잠으로 허우적댔다. 뽀뇨는 미로에서 이리저리 길을 찾으며 무슨 생각을 했을까?

김녕미로공원은 그 자체로도 훌륭하지만 공원 입구 쪽에 위치한 정자가 공원의 운치를 더한다. 정자에 누워 한가로움을 즐기는 기분은 맛보지 않으면 모른다. 미로 길 찾기에 성공하여 종을 치는 가족들의 떠들썩한 목소리가 아직도 귓가를 간지럽힌다. 여행 같은 휴가, 휴가 같은 인생이 따로 있을까? 미로공원 입구에서 본 뽀뇨의 얼굴을 떠올려본다. "뽀뇨야, 뭐가 좋아서 그렇게 웃는 거야?"라고 물으니 뽀뇨가 웃으며 대답한다.

"아빠랑 엄마랑 있으면 그냥 좋아."

아이와 함께 걸을 만한 제주의 산책로

한라수목원

공항에서 가장 가까운 수목원으로 다양한 식생이 자랑이며 광이오름에 접해 있다. 도심에 잘 조성된 수목원이 있다는 것은 제주시민들에게 큰 행복이 아닐 수 없다. 아침저녁 산책으로 걷는 수목원은 새소리로 가득하고 숲의 향기가 몸과 마음을 상쾌하게 한다. 더운 여름철에는 숲길을 걷는 것 자체가 더위를 피하는 좋은 방법이다. 집 근처여서 많이 찾는 곳인데 산책에 이만큼 좋은 곳이 없다.

제주시 연동 1000, 064 - 710 - 7575

사려니숲길

평탄하고 길이 넓어서 가족끼리 걷기에 좋다. 제주마방목지에서 성판악으로 가는 중간에 위치해 있으며 입구의 도로는 드라이브 코스와 촬영지로 유명하다. 유모차와 다리가 불편한 어르신들과도 걸을 수 있다는 것이 사려니숲길의 큰 장점이다. 뽀뇨를 유모차에 태우고 다리가 불편한 장모님과 함께 한참을 걸은 적이 있다. 큰 길이다 보니 되돌아올 때 조금 심심한 것이 단점이다.

제주시 조천읍 교래리

교래자연휴양림

원시형태의 곶자왈을 느끼기에 좋으며 큰지그리오름과 연결되어 있다. 인근에 돌문화공원과 교래리 맛집이 즐비하다. 좁은 숲길을 따라 오르막길, 내리막길을 걷다 보면 시간 가는 줄 모른다. 숲길을 가다 만나게 되는 소를 보고 놀라지 마시길! 초등학생 이하의 어린아이와 걸을 때는 조금 힘이 들 수도 있다. 뽀뇨를 안고 내려오는데 내리막길만 있는 게 아니라 올라갔다 내려갔다를 반복하다 보니 한라산에서 내려올 때보다 더 힘들었던 곳으로 기억한다. 곶자왈이 생각보다 깊게 느껴질 수 있으므로 아이가 무서워하거나 힘들어하면 되돌아 나오는 게 좋을 듯하다.

제주시 조천읍 교래리 산 119, 064 - 710 - 8673

환상숲

가족이 운영하는 곶자왈이지만 교육 프로그램이 전문적이다. 두 가족 이상이 가면 더 좋을 듯하다. 1시간 이내의 코스이지만 세세한 생태해설을 듣다 보면 마음이 따뜻해지고 숲을 지켜야 된다는 마음이 새록새록 돋아나게 될 것이다. 인근에 돌하르방피자와 무릉외갓집 전시판매장, 생각하는 정원과 오설록이 있다.

일행들과 함께 간 적이 있는 곳인데 숲체험 프로그램과 생태해설이 너무나 마음에 들었다. 마지막에 일행들과 함께 게임도 하고 숨골에서 잠시 쉬기도 했는데 가까운 사람들과 함께 간다면 더욱 특별한 추억이 될 듯하다.

제주시 한경면 저지리 2848-2, 064-772-2488

무릉곶자왈

제주올레 11코스와 14-1코스가 지나가는 곶자왈로 '아름다운 숲길'로 지정되었다. 올레코스를 따라 걷는 것이 가장 편하고 안전하다. 숲에서 만나게 되는 천리향 향기도 좋고 5월 중순에는 상동을 따먹을 수 있는 보너스가 있다. 무릉2리 인향마을을 빠져나오다 보면 근처에 무릉외갓집 카페가 있다.

다양한 곶자왈을 걸었지만 무릉곶자왈은 어렵지 않게 걸을 수 있다는 점, 다양한 식물과 화산지형을 만날 수 있다는 것이 장점이다. 뽀뇨와 함께 걷는 데에도 무리가 없었다. 다만 올레 표식을 꼭 보고 가야 한다.

서귀포시 대정읍 무릉리

김녕미로공원

3시간 정도 숲 속 미로 길찾기를 즐길 수 있는 공원으로 아이들이 좋아한다. 콘크리트 위주의 테마파크가 아니라 나무로 만든 미로공원은 생태적인 공원이자 놀이시설이다. 설립자인 프레드릭 더스틴 교수는 매년 제주 지역과 재직했던 제주대에 기부를 해오고 있다. 인근에 만장굴과 김녕해수욕장이 있다. 뽀뇨와 함께 1시간을 걸어본 바로는 생각보다 좁은 면적의 공원인데도 좁디좁은 미로에서 헤매는 것이 묘미가 있었다. 나올 때 입구의 정자에서 꼭 한 번 쉬어보시길.

제주시 구좌읍 김녕리 산 16, 064-782-9266

눈을 돌리면
모든 것이 놀 거리

모래로 무엇이든 만들 수 있는 모래놀이는 뽀뇨가 특히 좋아한다. 어떨 때는 '집'이 되기도 하고 어떨 때는 '카레'와 같은 요리가 되기도 하는 모래. 모래를 모아서 쌓기 놀이를 하는 아이에게 "뽀뇨, 뭐 만드는 거예요?"라고 물었더니 "아빠, 이거 한라산이야"라고 대답한다.

©권은정

제주는 사면이 바다인 섬이다. 다른 지역과 비교가 되지 않을 정도로 바닷물이 맑고 투명한 것은 기본이거니와 어촌 마을의 할머니들이 해녀로 생계를 유지하고 원담, 불턱, 테우 등 해양문화 유산이 아직까지 명맥을 유지하고 있다.

제주에 살며 제일 좋은 것이 무엇이냐고 꼽는다면 아빠나 뽀뇨는 제일 먼저 "바다"를 꼽을 것이다. 차만 타면 "아빠, 우리 바다 갈래?"라는 말부터 나오고 "아빠 나 따라해봐. 우리~ 바다, 가자!", "뽀뇨, 아빠 운전에 집중해야 돼요.", "우리, 바다, 가자!", "그래, 우리, 바다, 가자"라는 확답을 받아내는 꾀를 부린다. 그래도 호락호락하지 않으면 평소에 하지 않는 칭찬, 예를 들면 "나는 아빠가 제일 좋아. 엄마보다 좋아"를 남발하면서 '딸아이의 애교'를 실컷 보여주기도 한다.

뽀뇨는 왜 바다를 좋아할까? 무엇보다 바다에는 너무나 많은 놀거리가 있기 때문이다. 모래놀이는 기본이고 물놀이, 보말잡기, 파도와 함께 놀기, 폭죽과 풍등 구경하기 등 바닷가에서만 할 수 있는 것들이 무궁무진하다. 뽀뇨가 아빠와 차를 타고 다니며 바다의 존재를 알기는 했지만 본격적으로 바다에서 물놀이를 한 지는 3살부터였다.

하얀 모래 위로 잔잔하게 밀려오는 파도. 뽀뇨는 이 '파도'라는 것을 처음 발로 느껴보고는 왈츠를 추듯이 장단을 맞추어 찰랑찰랑 물장난을 쳤다. "파노다, 파노다" 하며 양손을 흔드는 모습이 마치 신대륙이라도 발견한 듯했다.

뽀뇨의 친구 유담이와 함께 찾은 김녕해수욕장. 특히 모래 빛깔이 하얗게 이쁜 해수욕장인데 아이들이 놀 수 있는 얕은 해변이 바위에 둘러싸여 있어서 아이들 해수욕에 제격이다. "유담아! 빨리 와, 빨리 와." 아직 수영이 익숙하지 않아 물에 들어가기를 주저하는 유담인데 뽀뇨는 계속 불러댄다. 튜브 하나에 몸을 싣고 아이와 물놀이를 즐기며 웃다 보면 하루가 금방이다. 친구 유담이가 함께 있다 보니 물놀이가 더 재미있었을 것이다.

모래로 무엇이든 만들 수 있는 모래놀이는 뽀뇨가 특히 좋아한다. 어떨 때는 '집'이 되기도 하고 어떨 때는 '카레'와 같은 요리가 되기도 하는 모래. 모래를 모아서 쌓기 놀이를 하는 아이에게 "뽀뇨, 뭐 만드는 거예요?"라고 물었더니 "아빠, 이거 한라산이야"라고 대답한다. "우리 집은 어디에 있어요?"라고 물으니 바다를 가리키며 "저기 바다에 있어요"라고 대답한다. 제주 바다에서 모래로 한라산을 만드니 뽀뇨는 신화 속에서 제주섬을 만든 거대한 여신, '설문대할망'이 아닐까? 콩 한 알 만한 크기의 손톱에 까맣게 모래가 끼어서 잠이 든 뽀뇨를 바라보니 대견하기만 하다.

저녁 노을이 특히 아름답고 원담에 용천수까지 나오는 이호해수욕장도 좋지만 제주시내에서 멀지 않고 해변에 작은 놀이터와 분수대가 있는 곽지해수욕장도 매우 매력적인 곳이다. 처음에 제주에 와서 회사동료에게 "제주 사람들은 어느 해수욕장을 가나요?"라고 물었더니 "곽지를 주로 가요"라고 대답을 했다. 이호는 운치가 조금 덜하고 협재는 멀기도 하고 관광객들이 많으니 곽지가 현지인들에게는 제격이라는 거다.

곽지가 사랑을 받고 있는 데에는 몇 가지 이유가 더 있다. 하나는 애월 한담해변으로 나 있는 해안 산책길 때문이다. 해안절벽 아래로 나 있는 작은 길인데 바다 위의 작은 정원을 걷는 듯한 착각이 들 정도로 아름답고 아기자기하다. 한두 명이 해수욕하기에도 좋은 작은 해변이 있기도 하고 스노클링하기에 적합한 곳도 있다.

아이들이 곽지를 특히 좋아하는데 그 이유는 해수욕장 바로 앞에 분수가 있기 때문이다. 서울시청 앞 광장분수가 시원하게 물을 뿜으면 도시 아이들도 물속에 들어가 금방 물에 빠진 생쥐들이 되는데 해수욕장 바로 앞에 분수라니 생각만 해도 시원하다. 해수욕이나 모래놀이를 끝내고 씻기에도 제격이다. 뽀뇨는 해수욕장 초입에 설치된 모래 놀이터를 얼마나 좋아하는지 한 번 가게 되면 계속 있고 싶어서 "이제 저녁이 되었으니 집에 돌아가자"는 아빠와 꼭 싸우고 울면서 돌아오는 곳이 바로 곽지다. 그도 그럴 것이 보통의 놀이터는 놀이터에 모래를 깔아놓은 것인데 그 놀이터는 해변 모래사장 위에 세워져 있다. 뽀뇨에겐 두 마리 토끼를 잡은 것이니 환상적일 수밖에 없는 곳이다.

이쪽 지역에 가면 반드시 가게 되는 곳이 있는데 바로 '메리앤 폴'과 '하우스레서피'이다. 두 곳 모두 부부가 운영하고 정성을 들여서 음식을 내어놓는데 한 곳은 돈가스류의 식사를, 또 한 곳은 당근케이크를 주메뉴로 한다. 지역음식으로 만든 영양만점의 식사를 아이와 함께 먹고 싶다는 욕심은 누구나 갖고 있을 것이다.

조금 더 서쪽으로 내려오면 '생각을 지우는 옥빛바다'인 '생.지.옥'

금능과 협재가 있다. 이 바다의 별명처럼 금능바다는 수십 가지 옥이 빛나고 있는 듯하다. 하얀 모래, 검은 바위, 수심 등이 투명한 물에 비쳐서 다양한 옥색을 만들어내고 있으니 올레 14코스를 걷는 사람들은 "와~" 하고 소리를 지를 수밖에 없을 것이다. 금능 마을포구에서 빠져나오면 옥빛 해변과 비양도가 펼쳐진다. 이 옥빛바다를 어릴 때부터 보고 자란 뽀뇨가 과연 다른 바다를 쳐다보거나 할지 걱정스러울 정도다. 금능바다는 얕아서 아이들을 안심하고 물놀이시킬 수 있고 물이 빠지기 시작하면 백사장이 길고도 넓게 펼쳐져 있어서 깨끗한 자연 모래 놀이터로는 국내 최대 규모다. 물이 빠진 금능해변에서 아빠는 정신없이 보말을 따느라, 뽀뇨는 까르르 웃으며 모래 위를 뛰느라, 아내는 아빠와 아이를 흐뭇하게 감상하느라 하루가 금방 다 가곤 한다.

동쪽의 월정리 작은 해변은 요즘 카페들이 많이 들어서 있고 젊은 이들이 주로 찾는 곳이라 특색이 있다. 물이 빠졌을 때 반나절을 뽀뇨와 함께 놀았는데 작은 해수욕장이다 보니 물놀이 후에 씻을 수 있는 기반시설이 아쉽기는 하지만, 작은 마을 해변의 한가로운 해수욕이 너무나 마음에 들었다. 월정리 바다에서 아빠와 함께 놀던 뽀뇨가 어깨 쪽이 따끔하다고 해서 해파리에 쏘인 줄 알고 해경 아저씨를 찾았다. 소독을 해주었는데도 결국 그날 밤 응급실에 가야 했다. 몸에 열이 나서 심하게 해파리에 쏘인 건가 하고 깜짝 놀랐는데 알고 보니 가벼운 감기였다.

이렇게 해수욕하다가 감기에 걸릴 정도로 뽀뇨와 제주 해안가를 참 많이도 다녔지만 어느 한 곳을 딱 집어서 고르기 힘들 정도로 제주 바다는 각자의 얼굴을 가지고 있다.

굳이 바다에 들어가지 않더라도 눈을 가리는 것 하나 없이 넓게 펼쳐져 있는 수평선과 시원하게 가슴을 열어젖히는 바람, 캔버스에 그려진 예술작품과 같은 구름, 뽀뇨의 표현력을 키운 모래언덕, 그리고 뽀뇨의 행복한 얼굴을 바라볼 때면 더이상 바랄 것이 없다.

제주에서 만난
놀이공원

타지역에서는 자주 보기 힘든데 제주에서만큼은 어디에나 눈에 잘 띄는 동물이 바로 '말'이다. 웬만한 초원에는 말 한 마리가 풀을 뜯고 큰 도로에는 말을 태운 수송차량이 꼭 눈에 들어오며 산간 도로에는 말들이 줄을 지어 달리기까지 한다.

장인어른과 이모, 뽀뇨가 함께 전주 동물원을 간 적이 있는데 어린이대공원에 필적할 만한 큰 동물원이었다. 서울에 살기는 했지만 서울대공원과 어린이대공원 몇 번 가본 것이 전부이다 보니 어른이 되어도 동물원이 신기하기는 마찬가지다. 아빠가 이러할진대 4살 뽀뇨는 어떨까?

공원에서 만난 호랑이며, 사자, 기린, 코끼리까지 책에서나 보던 큰 동물들을 한꺼번에 둘러보고 놀이기구까지 타게 되었으니 아마 뽀뇨 평생을 통틀어 가장 신이 난 하루였을 것이다. 눈이 휘둥그레지는 뽀뇨를 보는 아빠의 즐거움 또한 컸다.

제주로 돌아와 뽀뇨에게 전주만큼은 아니더라도 재미난 동물들을 보여주고 싶어서 찾아 보니 조금은 부족하지만 모루농장이 제격이었다. 원래 차 농장인데 농부인 김맹찬 대표가 농사에 산양과 돼지, 닭을 이용하면서 유명해진 농장이다. 돌을 막 지난 뽀뇨가 아장아장 걸을 때 자주 찾은 농장인데 먹이를 먹기 위해 모여드는 산양과 돼지, 거위, 닭을 바라보며 동물농장이 따로 없구나, 라는 생각이 들었다. 어릴 때 아빠는 닭을 무서워했는데 뽀뇨는 전혀 무서워하지 않고 동물들을 쫓아다닌다. 돼지는 꿀꿀, 산양은 메에, 거위는 꽥꽥, 닭은 꼬꼬닥 꼬꼬…… 도망가는 동물들이 합창을 한다. 살아 있는 동물원이자 교육장이다.

타지역에서는 보기 힘든데 제주에서만큼은 어디에나 눈에 잘 띄는 동물이 바로 '말'이다. 웬만한 초원에는 말 한 마리가 풀을 뜯고 큰 도로에는 말을 태운 수송차량이 꼭 눈에 들어오며 산간 도로에는 말들이 줄을 지어 달리기까지 한다. 뽀뇨는 고양이보다 말을 더 좋아하는데 좋아하는 이유는 간단하다. 제주에선 고양이보다 말을 더 자주 보기 때문이다. 뽀뇨와 차를 타고 초원을 달리면 "옆을 봐봐, 말이야.", "어디 어디? 우와, 아빠 말이 풀을 먹어요"가 흔한 대화가 되어버렸다.

늘상 구경만 하던 말을 직접 타볼 기회가 있었으니 첫 번째는 오케이목장, 두 번째는 가시리 조랑말박물관에서였다. 오케이목장에서는 뽀뇨가 돌도 채 되기 전이라 오래 태우지는 못했고 가시리마을 소유인 조랑말박물관에는 아빠와 말을 탈 수 있는 짧은 코스가 있었다. 10분 정도의 짧은 거리였지만 바람을 온몸으로 맞으며 초원을 걷는 것이 꽤나 낭만적이었다. 뽀뇨와 말을 타는 중에 말이 잠시 서길래 '추워서 그런가, 아니면 우리가 무거워서 그런가' 하고 있는데 갑자기 말이 '쉬' 하고 오줌을 누었다. '눈다'는 표현보다는 '쏟아낸다'는 표현이 어울릴 정도로 쉬를 많이 했다. 여기저기에 널려 있는 말똥을 보고 "뽀뇨, 시커먼 거 이거 뭐예요? 이거 말이 끙아 한 거예요"라고 했더니 "시커먼 거 씻겨줘야 해요. 아빠가 말 끙아를 씻겨줘요"라는 이야기를 말에서 내릴 때까지 수없이 반복했다.

말 등에서 신이 난 뽀뇨는 "출발.", "간다 간다.", "말아, 어서 가자.", "우와 시원하다.", "아빠, 저기 선풍기(풍력발전기)가 엄청 많아요" 하며 쉴 새 없이 수다를 떨었다. 아빠가 뽀뇨를 붙잡고 말을 타기는 했지만 엄청난 높이의 말 위에서 뽀뇨는 무섭지 않았을까? 혼자 말 위에서 한쪽 손은 안장을 잡고 또 한쪽 손으로는 포즈까지 취하면서 사진을 찍을 정도여서 '별로 무섭지 않구나' 했는데 나중에 "오늘 말 타니까 재미있었어요?"라고 물으니 심각한 표정으로 고개를 절레절레 흔들며 "위험해요"라고 해서 주위에 있던 분들과 빵하고 웃음이 터졌다.

제주에는 아주 특별한 공원이 하나 있는데 수중생물을 볼 수 있는 '아쿠아플라넷'이 바로 그곳이다. 제주에서 첫 개장하는 날 무료 입장이라 뽀뇨를 데리고 일찍 출발을 했는데 이상하게 제주 시내를 벗어나니 큰 도로가 밀리기 시작했다. 설마 이 차들이 모두 개장식을 갈까 했는데 아쿠아플라넷 근처 수 킬로미터 전부터 도로가 밀리기 시작했으니 차 안에서만 한 시간을 기다렸다. 운 좋게 차를 세우고 난민이 걸어가듯이 다들 걸어가다가 서서히 줄이 형성되었는데 입구까지 늘어선 줄이 몇 킬로미터는 되는 듯했다. 유모차를 밀고 뽀뇨가 탈까봐 우산을 들고 또 다시 몇 시간을 서 있다 보니 어지럼증이 몰려오고 성산앞바다와 광치기 해변이 바로 앞인데 무슨 아쿠아냐 싶어 입구 앞 분수에서 놀다가 되돌아가기로 했다. 뽀뇨는 성산일출봉이 보이는 뒷마당에서 한참을 유모차를 모는 재미에 푹 빠져 있다가 결국 집으로 돌아와 아쿠아를 대신해 욕조에 물을 가득 채웠다.

'아 좋다. 뽀뇨랑 함께라면 세숫대야도 아쿠아지.'

몇 달 있다가 뽀뇨와 다시 찾게 된 아쿠아플라넷. 우리는 해양동물원을 놓칠 수 없었다. 다양한 수중생물들을 볼 수 있다는 점이 매력적인데 거대한 수족관에서 떼를 지어 움직이는 물고기들, 수영을 좋아하는 펭귄과 물개, 바다사자의 힘찬 움직임이 인상적이었다.

하지만 동물원보다 뽀뇨에게 더 큰 감동과 재미를 준 것은 선배 수협이 형이 운영하는 감귤하우스 한켠의 닭장이었다. 폐사를 앞둔 노계를 몇 마리 얻어와서 방사를 했더니 빠진 털이 다시 나고 잘려졌던 부리도 금방 다시 나아서 알을 낳기 시작했다고 한다.

뽀뇨와 함께 들어갔는데 닭장 속의 닭을 보고도 전혀 두려워하지 않고 심지어 만지려고 해서 말렸다. "뽀뇨, 다칠 수도 있어요. 위험해요"라고 하니 뽀뇨는 대수롭지 않다는 듯 "괜찮아요, 아빠"라고 했다. 아빠와 닭장 속에 낳아 놓은 달걀을 찾아서 만져보고 달걀이 닭이 낳은 알이라는 것도 확실하게 알려주었다. 꼼꼼한 눈길로 닭을 관찰하는 뽀뇨의 눈매가 예사롭지 않았다. 보고 만지고 느끼며 뽀뇨는 살아있는 체험을 하고 있었던 것이다. 집으로 돌아오며 달걀 두 알을 얻어왔다. 빈 페트병을 반으로 자르고 신문지로 완충재를 만들어 담아준 달걀, 뽀뇨는 이보다 더 큰 생명의 선물이 있을까 싶을 정도로 한참 동안 달걀을 들여다보았다. 그 모습에 딸바보 아빠는 절로 웃음이 번진다.

"뽀뇨야, 너의 마음에 생명의 소중함이 자라는 구나."

아이들과 함께 가볼 만한 제주 동물 체험

조랑말박물관

아이들이 말 타기 체험을 할 수 있고 몽골 게르게스트하우스, 캠핑장, 제주마박물관과 예술품 전시장, 마음카페, 전망대까지 아이들이 좋아할 만한 요소를 고루 갖춘 박물관이다. 관광객들뿐 아니라 전국의 마을에서 공동체 연수를 하기 위해 많이 오는 곳이다. 성인 기준 입장료 2천 원. 말타기 체험료는 1만 원으로 저렴한 편이다.
서귀포시 표선면 가시리 산 41, 070 - 4145 - 3456

제주고등학교 동물원

동물원이 없는 제주에서 동물들을 쉽게 볼 수 있는 곳이다. 특성화고등학교인 제주고등학교에서는 학교에서 운영하는 동물원이 있다. 아이들이 좋아하는 토끼, 닭 등의 가축부터 라마가 침 뱉는 모습 등 쉽게 볼 수 없는 동물들도 있다. 무료입장이며, 오전 10시~오후 5시 사이에 가면 언제든지 동물들을 볼 수 있다.
http://www.jejugo.hs.kr/home/home.jsp

아쿠아플라넷 제주

대기업에서 운영하는 해양박물관이자 공연장. 대형 수족관이 볼 만하고 그곳에서 해녀공연도 이어진다. 별도의 공연장에선 동물들의 묘기가 펼쳐진다. 수생물도 신기하지만 경관이 너무나 아름다운 지역이다. 요금이 꽤 비싼 편이라 부담은 된다. 일반 38,400원, 중·고등학생 36,800원, 어린이 34,900원(제주도민은 30% 할인).
서귀포시 성산읍 고성리 127 - 1, 064 - 780 - 0900

PART 3

매일매일 건강해지는
제주 자연 육아

아빠,
배추에 벌레가 꼬물꼬물해요

사과를 껍질까지 맛있게 주고 싶은 것이 부모 마음이기에 뽀뇨가 어릴 때부터 유기농 사과를 직거래로 구매를 해오고 있다. 작고 못생긴 사과지만 껍질까지 맛있게 먹게 하려고 깨끗이 씻어서 주게 되는데 뽀뇨는 껍질만 입으로 쏙 벗겨낸다.

가끔 "아이를 어떻게 키웠으면 좋겠냐"는 질문을 받게 되는데 늘 대답은 "잘 모르겠다"였다. 그렇게 뜨뜻미지근한 대답으로 일관했는데 언제부턴가 내 마음속에 한 가지 욕심이 자리 잡았다. 이름하여 '미각 교육'. 어릴 적 엄마가 해준 음식이 가장 맛있게 느껴지는 건 그만큼 '엄마의 음식'에 길들여졌기 때문이다. 그만큼 입맛이라는 건 평생을 간다.

농약이나 화학비료를 쓰지 않고 텃밭에서 나오는 제철채소로 찬을 만들고 보글보글 찌개도 끓여 먹었던 그 '엄마의 맛'이 이제 어디로 갔는지. 농촌에서 일을 하며 아이를 돌보는 나로서는 그 이유가 어머니의 잃어버린 손맛에 있는 것이 아니라 여러 가지 화학약품에 의존하여 재배되는 농법에 있다고 생각한다.

언젠가 제주의 시골 마을에서 구멍이 송송 뚫린 쌈배추를 가져왔다. 시골 마을의 형수님이 "뽀뇨랑 아내랑 같이 먹어요"하시면서 퇴근길에 챙겨준 것이다. 식구들과 함께 먹으려고 약을 뿌리지 않은 거라고 귀띔과 함께 말이다. 우리 집에는 시골 마을에서 얻어온 채소들이 냉장고, 베란다에 한가득이다 보니 자연스럽게 벌레를 마주할 일이 많다. 집에서 벌레가 나오면 항상 잡아서 없애야 하는 것으로 생각했는데 아이를 낳고는 벌레 또한 꼬물꼬물 기어다니는 '아기'라고 생각하니 차마 아이 앞에서 죽일 수가 없다.

"뽀뇨야, 이거 벌레야."
"와~! 벌레다. 아빠, 뽀뇨 벌레 만져볼래."

흔해빠진 벌레인데도 아이는 신기하게 쳐다보며 손끝으로 배추벌레의 감촉을 느껴본다. 아삭한 맛이 일품인 제주의 쌈배추를 날것으로 먹는 것은 재료의 식감을 배울 뿐 아니라 아주 가끔은 배추를 먹는 벌레까지 보게 되는 현장교육(?)까지 겸한다.

"아빠, 벌레가 움직여. 벌레 무서워."

이렇게 말하면서도 저녁밥은 안중에도 없고 잠잘 때까지 벌레와의 시간을 즐기는 데 여념이 없는 뽀뇨다.

우리가 먹는 음식은 그 지역의 조리방식대로 만들어진 문화를 간직하고 있고, 그 지역에서 나온 신선한 제철 농수산물의 영양분과 특유의 맛을 담고 있다. 특히 과일, 야채 등의 농산물은 그 자체로 훌륭한 음식이며 손으로 만져보고 입으로 껍질의 맛과 향을 음미하며 먹을 때만이 진가를 알게 된다. 몸에 좋은 제철 농산물을 고르는 아빠, 엄마의 눈. 다양한 지역의 문화가 살아 숨 쉬는 음식을 통해 좋은 미각을 키워주려는 노력이 필요한 것이다.

사과를 껍질까지 맛있게 주고 싶은 것이 부모 마음이기에 오래전부터 직거래로 유기농 사과를 구매해오고 있다. 작고 못생긴 사과지만 껍질까지 맛있게 먹게 하려고 깨끗하게 씻어서 주는데 뽀뇨는 껍질은 먹지 않고 입으로 벗겨낸다.

"아빠, 사과 껍질 안 먹을래."

"뽀뇨, 사과는 껍질까지 먹어야 돼요. 씹어서 먹어보면 맛이 있는 거니까 버리지 말고 다 먹어요. 알았죠?"

이렇게 매번 이야기를 하지만 '과일은 껍질을 까서 먹는 것'이라는 고정관념이 있어서 그런지 늘 사과껍질은 기피대상이다.

아이를 키우며 제일 우려스러운 것은 '먹을 거리'가 우리 가정으로부터 너무 멀리 있다는 것이다. 시골에서 자란 나는 대부분의 야채를 집 앞 텃밭에서 따서 먹었다. 그러다 보니 누가 어떤 식으로 농사를 지었다는 것을 잘 알았다. 하지만 도시에서 생활하는 대부분의 부모와 아이들은 누가 어떤 방식으로 농사를 지었는지를 알 수 없을뿐더러 대부분 식품 가공품의 원료가 어디에서 오는지도 알지 못하고 먹고 있다.

아이가 먹는 음식은 아이를 성장시키는 데 필수일 뿐 아니라 아이 때의 입맛과 식습관이 평생을 간다는 점에서 중요한데 이를 제대로 알고 실천하기는 어렵다. 또한 자극적인 입맛에 길들여진 아이들이 쉽게 손이 갈 수 있도록 음식을 하는 것도 쉽지 않다. 건강한 식재료는 자극이 없기 때문이다. 그렇다면 아이들이 싫어하는 식재료라 하더라도 손이 갈 수 있도록 호기심을 자극하는 교육방법이 필요한데 부엌에서 아이에게 요리하는 과정을 보여주고 그 과정에서 맛을 보게 하는 것이 가장 효과적인 것 같다.

아빠, 엄마가 주방에서 요리하고 설거지하는 모습을 자주 보아서 그런지 뽀뇨는 기분이 좋을 때면 싱크대 앞에 의자를 두고는 위에 올라가 폼을 잡는다. 아이와 함께 만드는 요리는 남은 식재료로 또띠아 피자 만들기가 좋은데 쉽고 간편할 뿐 아니라 기다리는 과정 또한 즐겁다.

밥을 먹고 나면 설거지 하는 아빠 모습을 따라하고 싶은지 뽀뇨가 "아빠, 나 설거지 할래요" 하면서 끼어들 때가 있다. "네, 고맙습니다"라고 대답을 하지만 뽀뇨의 마음을 선의로만 받고 싶은 것이 아빠의 마음이다. 하지만 시작이 반이라고 뽀뇨도 혼자 '계란프라이' 하고 설거지도 깔끔하게 할 날이 곧 오겠지. 나중에 커서 가족을 이루어 요리를 해주게 되면 아빠, 엄마가 해주던 '집밥'이 그리워지겠지?

자연이 키운 텃밭

주말이면 어린 뽀뇨를 유모차에 태우고 텃밭으로 가서 잡풀을 제거하다가도 숲 속 깊은 곳까지 안고 들어가는 일이 제법 있었다. 곳곳에 제주의 최상위 포식자인 멧돼지가 나무뿌리를 먹는다고 파헤친 자국이 많아 으스스한 느낌이긴 했지만 숲 속에서의 채집활동은 제주생활에 또다른 매력이 아닐 수 없다.

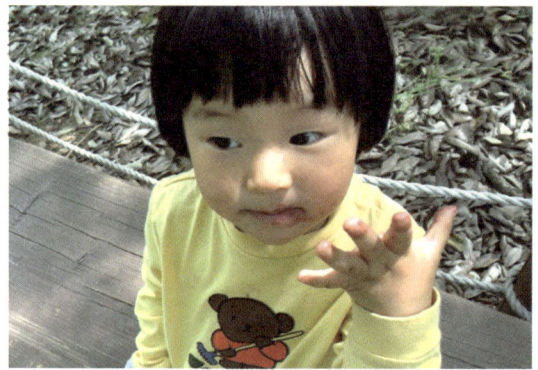

'내 텃밭을 꼭 가져봐야지'라는 생각을 한 번도 가져본 적이 없다. 시골 출신인지라 어릴 적부터 과수원 농사, 밭농사에 고사리 손이라도 보태야 했기에 농사가 얼마나 어려운지 잘 알고 있기 때문이다. 때마다 어찌나 일이 많은지 마산 시내의 고등학교에 다닐 때는 휴일날 시골집으로 가기가 무서웠다.

고향을 떠난 지도 어언 20년이 다 되어가는지라 농업에 대한 두려움도 무뎌지고 하고 있는 일이 먹을 거리에 관한 일이다 보니 제주 곳곳에 위치한 작은 텃밭이 자연스럽게 눈에 들어왔다. 운이 좋게도 지인들이 소유한 텃밭이 있었는데 다들 농사일에는 초짜다 보니 내게도 씨를 뿌릴 수 있는 작은 임대 공간이 주어졌다.

그것도 두 개씩이나 되었는데 하나는 '제주마'를 주제로 아름다운 작품을 만들고 있는 유종욱 작가님 갤러리에 있고 또 하나는 한라산 관음사 바로 아래 숲 속에 있었다. 유 작가님네 텃밭에서는 이주하고 첫해 농사를 지었는데 농사기술이 워낙에 없는지라 '농부 코스프레'에 지나지 않았다.

우리 부부는 10평도 되지 않는 텃밭을 땀을 바가지로 흘려가며 일구었는데 돌이 어찌나 많이 나오는지 '흙보다 돌이 더 많은 제주'를 실감할 수 있었다. 오일장에서 산 상추, 무, 토마토 등 제철 채소씨앗을 잘게 부순 흙에 대충 흩뿌려두었는데 얼마 후 생각지도 않은 일이 벌어졌다.

'씨앗 가격도 제법 비싸구나. 전부 수입산이네'라고 생각하고 봄에 씨를 뿌렸는데 상추가 어찌나 빠르게 자라는지 솎아낼 타이밍을 놓치고 상추씨앗을 너무 촘촘하게 뿌려서 그런지 5평도 되지 않는 상추밭에 틈이 하나도 보이지 않을 정도로 잎과 줄기가 많이 자랐다.

첫날 상추를 솎아내는데 그 양이 엄청나다 보니 차 트렁크 한가득 상추를 실었고 아는 사람이 몇 명 되지 않는 상황에서 이를 전부 나눠주어야 했다. 상추가 너무 많다 보니 솎아내는 시간도 오래 걸려서 아내는 그 짧은 시간에 30방이 넘게 모기에 물렸고 또 잠시 방심한 사이, 뽀뇨는 밭의 흙을 입 안에 가득 물고 있었다. 아이 입 안에 있는 흙을 다 씻어내고 급하게 떠먹는 요구르트로 처방을 하긴 했지만 아찔한 순간이었다.

집에서 20분 정도 차를 타고 가야 하는 텃밭을 일주일에 한 번 가게 되는데 수확한 상추를 대여섯 집에 나눠주느라 시내를 한 바퀴 돌고는 했다. 아내와 나는 결국 두 손을 들고 말았다. '농사 아무나 짓는 게 아니구나.' 하지만 아내는 농사짓기를 포기하지 않고 5평도 안 되는 베란다에 다시 텃밭을 시작했으니 결론이 어떻게 났을까?

하루는 빈 스티로폼 박스에 유기농 흙, 이번엔 토종 농작물의 모종까지 준비를 하고서 아파트 베란다 텃밭라이프를 예찬하였다. 매일매일 밥상에 베란다 텃밭 샐러드가 빠짐없이 올라오긴 했으나 얼마 지나지 않아 뜨거운 제주의 햇빛 아래서 바짝 말라버렸다. 대를 세울 정도로 정성을 들인 토마토는 딸랑 하나가 열렸는데 뽀뇨가 질문을 던졌다.

"아빠 이거 뭐야?", "어, 이거 토마……"라고 대답하기도 전에 토마토는 뽀뇨 입 속으로 쏙 들어갔다. 그렇게 허무하게 베란다 텃밭라이프도 끝이 나니 아내는 더이상 300평 텃밭을 사는 것이 꿈이라는 이야기를 꺼내지 않는다.

이후에 우리는 한라산 관음사 아래 숲 속 텃밭을 만들어보겠다는 계획을 실천했다. 아는 분이 이곳에서 농사를 함께 지을 만한 사람들을 찾는다고 해서 연회비 5만 원을 내고 시작한 곳이다. 나름 농사에 대한 기대(?)를 가지고 있었던지라 타지역의 자연농법을 설파하는 분을 모셔서 이야기도 듣고 그분이 뜻을 가지고 만든 종자은행에서 토종씨앗도 임대하여 씨뿌리기부터 실행에 옮겼으나 쉽지 않았다. 잡풀이 우거진 곳을 전정가위로 잘라가며 씨앗을 심었는데 일주일에 한 번 겨우 찾아가다 보니 씨앗을 심어둔 곳이 어디에 있는지 나중에는 보이지도 않았다. 하지만 이 숲 속이 우리 가족을 붙들어 맨 것이 있었으니 농사가 아니라 채집생활이었다.

"힘들여 농사짓지 마세요. 그냥 오기만 하세요. 우리가 다 만들어 놓을 테니!"

마치 자연이 이렇게 속삭이는 것만 같았다. 숲 속에는 봄이 되면 맛있는 산딸기와 한라산 고사리, 향이 좋은 달래와 추어탕에 넣어먹는 조미료인 제피가 널려 있다.

주말이면 어린 뽀뇨를 유모차에 태우고 텃밭으로 가서 잡풀을 제거하다가도 숲 속 깊은 곳까지 안고 들어가는 일이 제법 있었다. 곳곳에 제주의 최상위 포식자인 멧돼지가 나무뿌리를 먹는다고 파헤친 자국이 많아 으스스한 느낌이 들긴 했지만 숲 속에서의 채집활동은 제주생활에 또다른 매력이 되었다.

가끔 봄철이면 숲 속에서 고사리를 채취하는 많은 분들을 만나게 되는데 참 재미있는 것이 산의 주인이라 할지라도 '고사리의 소유권'을 주장하기가 어렵다. 누군가 농사를 위해 뿌려놓은 것도 아니고 어머니 품과 같은 한라산에 자연이 뿌려놓은 씨앗을 "내가 허리 아파가며 채취하는데 당신이 무슨 상관이냐"라고 이야기를 하면 주인이라도 딱히 할 말이 없는 것이다.

나중에 제주식물자원연구소 임일빈 소장님과 함께 이 숲 속을 탐방할 기회가 있었는데 나무 하나 하나의 이름과 약효에 대해 듣고 보니 보물섬이 따로 없구나, 라는 생각이 절로 들었다. 지천에 널려 있는 보약들을 알지 못하고 비싼 건강보조제로 살아가고 있다고 생각하니 뽀뇨가 선물받은 '세밀화'들이 다시 보이기 시작했다.

농촌에서 일하는 아빠도 '식물도감'의 식물들을 다 알지 못하는데 다양한 식생이 살아 있는 보물섬 제주에서 살며 채집의 기회를 놓친다면 후회할 일이다 싶어 몇 개의 '도감'을 큰 마음 먹고 구입했다. 아빠와 함께 제주의 채집생활에 눈뜨게 될 뽀뇨를 떠올리며······.

뽀뇨,
감귤 따고 있어요

"뽀뇨, 뭐하는 거에요?"라고 물으니 "감귤 따고 있어요."라고 다소곳이 대구를 하고는 직접 감귤을 하나 하나 따고 있었다. 작은 체구의 아가가 온 힘을 손에 집중하고, 눈은 감귤을 뚫을 기세로 쳐다보는 모습이 대견하기만 했다.

나는 하루에 버스가 몇 번 들어오지 않는 창원의 시골 마을에서 태어나고 자랐다. 먼지가 풀풀 나는 신작로에 빨간색 버스가 다닐 때 처음으로 혼자 버스를 타고 마산 시내를 나간 적이 있었는데 그때 처음 본 주남저수지를 바다로 착각했을 정도로 시골아이였다.

중학교에 다닐 무렵, 동네의 산과 밭, 들녘에는 감나무가 심어져서 봄이 되면 온통 푸른 물결을 이루었는데, 나중에 마을에 놀러 온 서울 친구가 "이야, 이국적이다. 이게 무슨 나무야?"라고 물어봤던 기억이 난다. 항상 보아오던 감나무를 보고 이국적이라고 하는 친구의 말을 들으니 절로 웃음이 났었다. 지금 생각해보면 들판이 펼쳐져 있고, 유실수들이 주변에 지천인 풍경이 나에겐 너무도 자연스러운 환경이었는데, 대학에 들어가고 직장생활을 하게 되면서 도시에 정주해 살다 보니 흙을 밟고 사는 일이 나에게 어느덧 저 멀리 있는 풍경이 되어버렸다.

다행히 지금은 제주로 이주한 상황이고, 뽀뇨도 아빠의 어린 시절처럼 농촌을 낯설지 않게 생각하는 것 같다. 살고 있는 곳은 제주 도심이긴 하지만, 아빠가 일하는 공간이 시골(무릉리)이다 보니 들판과 열매를 주렁주렁 맺은 나무들이 그저 일상적인 풍경인 것이다.

"아빠, 빵빵이 타고 어디 가?"
"어, 무릉리 갈 거야."
"그래, 우리 빨리 무릉리 가자~!"

일터가 시골에 있다 보니 육아를 맡고 있는 상황에서 아이를 떼어놓고 갈 수가 없어 일터에 뽀뇨를 데리고 갈 때가 많다. 덕분에 아이는 흙을 밟을 일도 많고 가공되지 않은 상태의 농작물도 자주 접하게 된다. 작은 철제 리어카를 끌어보기도 하고, 상자에 농산물을 넣어 포장하는 일을 돕기도 한다. 수확철이 되면 열매를 따는 일에도 손을 뻗쳐 본다.

뽀뇨에게 아빠가 일하는 광경을 보여주면 그 모습을 자주 보아왔던 터라 자연스럽게 아빠를 따라한다.

"아빠, 뭐하는 거예요?"
"응, 박스 포장하는 거예요."
"박스 포장? 나도 할래요!"

말을 내뱉기가 무섭게 고사리 손으로 상자를 들어서 이리 날랐다가 저리 날랐다가, 저울 위에 올려보기도 하고 "이챠, 이챠" 추임새를 내기도 하는 뽀뇨.

물론 농산물을 상자에 넣고 포장하는 일을 두고서 '자연'에 가까운 생활을 한다고 단언할 수는 없다. 다만 부모가 어떤 일을 하는지 바로 옆에서 볼 수 있다는 것, 또 그 일에 자신도 직접 동참해볼 수 있다는 점은 좋은 경험이 될 수 있다고 생각한다. 농촌에서는 밥을 벌어먹게 해주는 '일'과 삶의 터전인 주거 공간이 동떨어져 있지 않기 때문에 아이들이 아빠, 엄마가 무슨 일을 해서 가계를 꾸리는지 도시의

아이들에 비해 더욱 금방 알게 된다는 측면에서 부모를 이해할 수 있는 생각의 폭이 클 것이다.

대부분의 농촌 일이 쉴 새 없이 바쁘고 고된 노동이지만 수확하는 일만큼은 아이들도 매우 좋아하는 농촌 활동의 백미다. 특히 귤을 따거나 감자 캐는 일은 남녀노소를 가리지 않고 누구나 좋아할 만큼 그 과정이 어렵지 않다. 다만 약간의 도구가 필요한데 감귤을 딸 때는 가위, 감자를 캘 때는 호미가 필요하다. 뽀뇨는 3살 때에 처음으로 감귤을 땄고, 4살 때 처음으로 감자를 캤다.

눈이 보슬보슬 오던 어느 날, 밭에서 감귤을 딴 적이 있는데 어린 뽀뇨는 가위도 쥐기 힘든 작은 손으로 감귤을 땄다. 처음에는 장갑을 쥔 손으로 직접 따게 했는데 잠시 아빠가 화장실을 다녀온 사이 동네 이장님께서 어린 뽀뇨에게 가위로 감귤 따는 법을 가르치고 계셨다.

"뽀뇨, 뭐하는 거예요?"라고 물으니 "감귤 따고 있어요"라고 다소곳이 대꾸를 하고는 이장님께 배운 대로 감귤을 직접 하나 하나 따고 있었다. 이 모습에 아빠는 혹시나 다칠까 걱정이 되어 계속해서 지켜보고만 있었는데 작은 체구의 아이가 온 힘을 다해 집중하고 눈은 감귤을 뚫을 기세로 쳐다보는 모습이 대견하기만 했다.

마침내, 오른손에 감귤을 쥐고 왼손에는 가위를 들어 꼭지를 똑-자른 후 꼭지 부분을 말끔하게 잘라내는 뒷마무리까지 깔끔하게 처리해냈다. 아직 손으로 가위를 누르는 힘이 부족해서 오른손으로 감귤을 억지로 당기며 감귤을 따냈지만 이 모습을 지켜보는 것만으로도 아빠는 '뽀뇨가 다 컸구나'라는 생각에 가슴이 뜨거워졌다.

　감귤이 가을, 겨울에 가지에 열린 과일을 손으로 따서 수확을 하는 작물이라면, 감자는 봄, 가을에 땅속에 묻혀 있는 열매를 파내어 수확하는 작물이라는 점에서 차이가 있다. 흙을 파내지 않으면 어떤 크기의 감자가, 얼마만큼이나 열려 있는지 알 수 없다는 점 때문에 아이들에게 감귤 따기보다 오히려 더 큰 상상력을 자극하는 것이 바로 감자 캐기다. 아이들 엄지손가락만 한 크기에서부터 어른 주먹만 한 크기까지 다양한 굵기가 아이들에게 재미난 볼 거리가 되어주고, 금방 캐서 고기와 함께 장작불에 껍질째 구워먹는 그 맛은 이렇게 투박하면서도 맛있는 농산물이 있나 싶을 정도로 환상의 맛을 자랑한다.
　뽀뇨는 처음에 흙 속에 주렁주렁 매달려 있는 감자를 보고 얼마나 신기해했는지 모른다. 여기에 감자를 캐기 위해 흙 파는 일은 얼마나 또 재미있는지! 얼굴에 제법 흙도 묻히고 "이챠, 이챠" 용을 쓰며 캐내는 모습을 보니 내 아이지만 정말 사랑스러웠다. 짧은 시간이었지만 뽀뇨에게는 흙을 피부로 느끼고 바람의 소중함을 아는 좋은 기회였을 것이다.
　뿐만 아니라 아빠, 엄마가 마치 아이처럼 "이야, 감자다"라고 아이보다도 더 탄성을 지르고 왁자지껄 떠드는 모습이 마을 주민분들에게는 정말 재밌는 볼 거리였을 것이다. 노년층의 비중이 큰 농촌마을에서 어린 아이들이 가족과 함께 모여 왁자지껄한 분위기가 형성되면 자연스럽게 활기가 돈다. 그렇기 때문에 농촌에서 농산물을 수확하고 도시로 보내는 일을 하는 입장에서 감귤 따기든 감자 캐기든 다양한 농촌체험 프로그램이 활성화되길 바라는 마음이 크다. 뽀뇨가 느낀 수확의 기쁨을 많은 사람들이 느끼길 바라면서 말이다.

제주라서 가능한 농장생태체험 코스

무릉외갓집 체험

연간회원을 대상으로 1년에 2회 체험행사가 열린다. 5월 중순, 11월 중순에 봄감자 캐기 체험과 감귤 따기 체험이 각각 열린다. 체험행사에는 무릉곶자왈 생태체험과 과일모찌 만들기 체험, 쉰다리 & 누룩 만들기 등 다양한 행사가 특징이다. 5월에는 곶자왈에서 상동나무 열매(머루와 맛과 모양이 비슷함)를 따먹을 수 있는 기회가 주어진다. 제철 과일을 활용한 모찌 만들기 체험도 있다. 미리 예약을 해야 하며 6명 정도가 체험에 적합하다.
서귀포시 대정읍 무릉리 635 - 9, 010 - 6747 - 7966

아침미소 농원목장 체험

행복한 젖소와 수제치즈, 요구르트를 만날 수 있는 공간. 친환경 낙농인증을 받은 목장으로 수제 요구르트가 전국 유명 빵집에서 한정판매되고 있다. 목장에서는 목장견학, 아이스크림 만들기, 치즈 체험 등이 가능하다. 예약제로 운영되기에 미리 전화 연락을 해서 일정을 잡아야 한다. 전체 체험 1인 기준 22,000원, 주중 오전 10시, 오후 2시 체험 진행.
제주시 월평동 157, 064 - 727 - 2545

모루농장 체험

모루농장은 제주농업기술원이 지정한 교육농장이다. 도내 유치원, 초등학교 체험학습교육장이며 가을부터는 수학여행. 단체학생을 받는다. 60~200인 단체체험 위주로 운영하며 주요체험은 동물과 함께 하는 유기농생태농업, 차 만들기, 차 마시기 프로그램 등이 있다.
서귀포시 표선면 가시리 1898 - 1, 064 - 787 - 8765

동물장터와
도넛가게 사이

나는 오일장과 재래시장을 '로컬푸드의 보고'라고 생각한다. 대형마트는 전국의
농산물을 한 곳에 모은 후 전국의 매장에 뿌리게 되는데 오일장은 지역에서
나오는 농산물을 고스란히 담는 바구니와 같다.

시골에서 태어나고 자랐지만 '오일장'이라는 이름은 나에게 생소하다. 그도 그럴 것이 시내와 가까운 지역은 대형마트에 수시로 장을 보러 가게 되고, 먼 곳은 수박 트럭, 수산물 트럭이 자주 드나드는 것이 요즘 마을이다. 전국의 내로라하는 상설재래시장도 대형마트에 밀려 힘을 못 쓰는데 오일마다 열리는 장은 더욱 사정이 힘들 것이다.

제주시 오일장이 열리는 근처에는 대형마트 둘이 들어서 있고 제주도의 동서남북에 위치한 큰 읍내에는 대형슈퍼마켓 서너 곳 이상이 성업 중이다. 웬만한 물건들을 마트와 슈퍼에서 살 수 있음에도 왜 제주사람들은 오일에 한 번 서는 읍내 장터를 찾게 되는 걸까?

재래시장과 가까운 곳에 있지만 뽀뇨와 오일장을 다니는 것은 큰 도전이 아닐 수 없었다. 마트와 비교하면 장애물투성이기 때문이다. 차를 몰고 오일장으로 들어서는데 도로가 협소하다 보니 자연스레 차가 밀리게 되고 주차공간이 좁아 시장과 멀리 있는 곳에 주차하고 한참을 걸어서 가야 한다. 걸어갈 때도 아이를 안고 시장바구니를 한 손에 들고 가거나 유모차에 태우고 가야 하는데 시장골목은 좁고 사람들은 많아 움직이는 것이 불편하다. 의류는 누가 사 입을까 싶을 정도로 '시골장터 스타일'이고 음식들은 일반 가게에서 판매하는 것보다 가격이 비싸고 카드가 되지 않는 곳도 있다. 어딜 가도 머릿속에 불편이라는 단어밖에 떠오르지 않는 공간인데 무엇이 우리 가족을 계속 이곳으로 오게 만드는 걸까?

나는 오일장과 재래시장을 '로컬푸드의 보고'라고 생각한다. 대형마트는 전국의 농산물을 한 곳에 모은 후 전국의 매장에 뿌리게 되는데 오일장은 지역에서 나오는 농산물을 고스란히 담는 바구니와 같다. 대형마트가 전국의 먹거리를 평준화시킨다면 오일장은 그 지역에 나오는 농산물과 먹거리를 빠짐없이 제공한다. 전국의 어떤 마트에서 제주 사람들이 먹는 '양애'를 살 수 있을까? 지역 사람들만 먹고 소량 재배만이 가능한 농산물은 대부분 재래종이 많은데 먹거리가 평준화되고 대형마트가 들어서면서 수많은 품종들이 불과 몇 년 만에 사라졌다.

제주시 오일장 입구에 가면 당장에 잡곡류만 십여 가지 넘게 볼 수 있다. 제철농산물이 나오다 보니 금방 나왔다가 사라지거나, 한 해가 지나야 다시 나오는 귀한 농산물 구경에 시간 가는 줄 모른다. 그것뿐이랴. 농산물, 수산물, 의류, 약재, 철제 기구, 모종, 뻥튀기에 강아지까지 없는 것이 없다.

뽀뇨는 오일장보다 확실히 마트를 좋아한다. 출발부터 "아빠, 나 빵빵이 탈래요"라고 달려갈 만큼 아이 전용 빵빵이를 좋아하고, 마트에는 가는 곳마다 시식코너가 있기 때문이다. 빵빵이를 타기 위해, 시식을 하기 위해 대형마트를 가는 것은 아니지만 마치 덤이라도 얻은 것처럼 생각이 들 때가 있다. 하지만 장을 보고 나올 때면 장바구니에 비해 지갑이 너무나 가볍다.

옛날 스타일에 다소 불편한 것이 있지만 오일장에는 뽀뇨가 좋아하는 핵심 아이템이 있다. 뽀뇨와 오일장에 가면 반드시 들러야 되는 코너가 두 개 있는데 하나가 동물장터이고 또 하나가 도넛가게다.

  동물장터에는 눈도 제대로 못 뜨는 강아지에서부터 병아리, 오리, 고양이들이 주인을 기다리고 있다. 어린 동물들이다 보니 자연스레 아이들의 구경거리가 되는데 뽀뇨도 이곳에서 아빠와 실랑이를 벌인다.

  "아빠, 저거 뭐야? 나 저거 볼래" 하며 아빠 손을 끌고 강아지가 있는 곳으로 간다. "뽀뇨, 멍멍이가 물 수도 있으니까 가까이 가면 안 돼요.", "아빠, 나 동물들 볼래. 내려줘" 하고 떼를 쓰는 뽀뇨를 얼른 안고 빠져나오게 된다. 아기 동물들이 귀엽기보다는 처량하고 뽀뇨 손이 닿기에는 지저분하다는 생각이 드는 걸 보니 아빠도 이제 어른이 되었나 보다.

  또 하나는 제주시 오일장 중심 골목에 위치한 도넛가게다. 금방 기름에 튀겨서 설탕을 묻혀주는 도넛들이 바삭바삭하니 맛이 좋은데 우리의 오일장 보기는 입에 도넛부터 물고 시작한다. 금방 튀긴 도넛이라 뜨거운데도 뽀뇨는 "아빠, 나도 줘" 하며 금방 한입 베어 문다. "뽀뇨, 맛있어?", "어, 맛있어!" 입에 먹을 것이 들어가면 우리의 대화는 짧아지고 뽀뇨의 '사 줘' 요구는 조금 누그러진다.

  재미있는 것은 '마트'에서는 층이 분리되어 있어서 장난감 사달라고 할 기회가 없는데 '오일장'에서는 '장난감 가게'를 아이가 찾아간다. 장난감 가게라기보다는 옷 가게, 잡화 가게 구석에 '금방 망가지는 장난감'들만 판매하는데 뽀뇨 눈에는 어떻게 그것만 보이는지 미로처럼 생긴 장터에서 그곳을 기가 막히게 잘 찾는다.

　여기서 아빠와의 실랑이가 또 한 번 생긴다. 뽀뇨는 먼저 장난감 가게 앞에 가서 자리를 잡고, 아빠의 눈치를 봐서 안 사준다 싶으면 '눈물 없이 울기' 시작한다는 것이 뽀뇨의 전략이라면, 가게에서 먼 곳으로 최대한 유인한 후에 '도넛으로 입막음'을 하는 것이 아빠의 전략이다. "아빠, 장난감 사조. 잉~"과 "뽀뇨, 눈물도 안 흘리고 우는 척 하는 것 봐. 아빠랑 도넛 먹으러 가자"가 서로 오고가면서 우리의 오일장 보기는 끝이 난다.

　약재상과 과일상을 지나 수산물 코너를 둘러보며 찬거리를 사는데 한번은 멀리 창원에서 놀러오신 어머니가 농산물과 수산물 가격을 보고는 너무 싸다고 좋아하셨다. 단돈 만 원에 갈치 몇 마리를 산 뒤, 동물장터와 야채상을 지난다. 야채상을 빠져나오면 잡곡상과 화훼상, 그리고 거의 마지막 즈음에 '할망장터'가 있다. 할망들도 도매시장에서 농산물을 떼어 와서 장사를 한다는 이야기도 있지만 딱 보아도 판매되는 농산물 가짓수가 작고 모양도 삐뚤빼뚤 제각각, 크기도 작은 농산물들이다. 할머니들에게는 자릿세를 받지 않는다고 하는데 시장에서 얼마나 노잣돈을 버는지는 알 수 없다.

　아이와 함께 오일장을 구경하는 것은 그 나름의 재미도 있지만 어릴 적에 좋은 추억을 선물해주는 것이 가장 큰 이점이다. 아주 어릴 적 동네 인근 수산읍 오일장에 아버지와 함께 오토바이를 타고 갔다 길을 잃어버린 적이 있다. 경찰서에서 아버지 이름을 기억해내어 찾은 적이 있는데, 우는 동안 녹아내려 먹지 못한 아이스크림은 지금까지 기억에 남는다. 장터 시래기국의 독특했던 맛도 지금까지 뇌리에 남아 있다.

전국 어딜 가나 모두 동일한 규격과 모양새인 대형마트가 줄 수 없는 정취와 색깔, 그리고 냄새를 재래시장인 오일장은 주고 있다. 제주의 맛을 고스란히 간직한 뽀뇨는 그 기억으로 삶의 쉼표 하나를 얻어갈 것이다.

장터에서 길을 잃어버리는 일이 없도록 뽀뇨에게 아빠, 엄마 이름을 물어본다.

"뽀뇨, 아빠 이름이 뭐예요?"
"홍.창.욱."
"아이고 똑똑해라."

나의 부모도 내가 아이였을 적에 나를 보며 이런 생각을 했겠지?

아이도 좋아하고 뽀뇨 아빠가 자주 가는 추천가게 리스트

메리앤폴

로컬푸드를 활용한 경양식집. 집밥을 먹는 듯 편하게 돈가스와 햄버거스테이크를 즐길 수 있는 곳. 좋은 재료와 정성으로 맛을 내어서 자주 찾는다. 근처에 곽지해수욕장과 한담애월산책로가 있어서 둘러보기에 좋다.
한림읍 귀덕리 1173, 064-796-7411

하우스레서피

당근케이크를 굽기 위해 제주로 이주한, 권혁란 선생님과 번역가 김경화 선생님이 계신 곳. 아담한 시골 가게에서 할머니가 구워주시는 머핀과 케이크 맛은 어떨까? 몸에 좋은 당근을 부담감 없이 맛있게 먹을 수 있는 곳이다.
한림읍 귀덕리 1236-9, 064-796-9440

옥돔식당

오랫동안 끓인 보말국의 진수를 느낄 수 있는 곳. 걸쭉하고 풍부한 맛의 보말국수와 보말국은 아이들도 잘 먹는다. 제주가 아니면 먹을 수 없는 메뉴. 모슬포 오일장 바로 입구에 있다.
대정읍 하모리 1067-23, 064-794-8833

국수마당

고기국수를 포함하여 다양한 국수를 즐길 수 있는 곳. 문예회관 뒤쪽 국수거리에 있으며 잘 삶은 고기국수 한 그릇이면 배가 든든하다. 근처에 자연사박물관이 있어서 구경하고 식사하기에 좋다.
제주시 일도2동 1034-19, 064-727-6001

피자 굽는 돌하르방

로컬푸드 피자가게. 지역에서 나오는 좋은 재료로 피자를 만들어 피자를 좋아하지 않는 뽀뇨 아빠도 잘 먹는다. 입맛에 맞게 다양한 피자를 주문할 수 있는데 인원이 많을 때에는 1미터 피자를

먹어볼 것을 추천한다. 근처에 오설록, 생각하는 정원, 환상숲 등 관광명소가 즐비하다.
한경면 청수리 144 - 1, 064 - 773 - 7273

무릉외갓집 전시판매장 & 카페

로컬푸드 전시장 및 카페. 제철 과일모찌를 만들 수 있고 먹을 수 있는 카페로 유명하다. 제철 농산물을 저렴한 가격에 판매한다. 농촌 특유의 풍경을 느끼고 싶다면 무릉곶자왈을 걸어볼 것을 권한다.
대정읍 무릉리 640 - 5, 064 - 792 - 7977

돌아온 천지연 식당

작은 식당이지만 회와 신선한 해산물, 조림이 나오는 곳. 우연히 찾아간 곳인데 한 번 가고 만족했다. 다만 양이 너무 많다 보니 어른의 비중이 높을 때 가볼 것을 추천한다. 서귀포 시내에 있어서 접근성이 좋다.
서귀포시 서귀동 315 - 13, 064 - 762 - 7073

코코분식

버섯칼국수, 비빔밥, 제주식 육개장이 나오는 아주 작은 분식점. 칼국수 매니아라면 필수 코스이고 비빔밥, 콩국수, 육개장도 맛있다. 가격도 착해서 단골이 많다. 점심 전 11시에 가거나 늦은 오후에 가야 기다리지 않는다. 근처에 제주의 대학로가 위치해 있는데 대학가라 그런지 전반적으로 음식 가격이 저렴한 편이다.
제주시 도남동 920 - 17, 064 - 751 - 1118

안거리밖거리

옥돔구이와 돔베고기가 나오는 정식인데 가격도 착하고 찬도 맛있다. 정식이 8천 원. 이중섭거리가 가까워 둘러보고 밥을 먹으면 좋다.
서귀포시 송산동 584 - 3, 064 - 763 - 2552

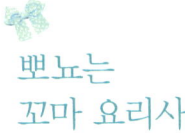

뽀뇨는 꼬마 요리사

적게 먹이더라도 제대로, 좋은 것을 먹여야겠다는 생각에 이르다 보니 아내도 나도
먹거리에 대한 것만큼은 욕심이 있다.

뽀뇨가 언제부턴가 주방에 관심을 가지기 시작했다. 아빠, 엄마가 설거지하는 것을 보고는 작은 의자 위에 올라가 설거지 한다고 고무장갑을 낀다. 아빠가 재료를 손질하고 보글보글 찌개를 끓이고 계란프라이를 하는 것이 신기한지 까치발로 옆에 서서 구경을 하고 있다. 뽀뇨에게는 해외출장 때 사가지고 온 요리장난감이 있는데 칼이며 포크, 도마와 온갖 그릇, 심지어 가스레인지까지 완비되어 있다. 뽀뇨가 요리에 관심이 있겠다 싶어 별다른 고민 없이 사온 장난감인데 뽀뇨의 완소목록 중에 하나이다. "아빠, 이 안에 뭐가 있는지 맞춰봐!", "당근?", "(장난감 냄비의 뚜껑을 열며) 포도야, 포도." 가끔은 혼자서 소꿉장난을 즐기는데 진짜 먹거리 체험을 해주고픈 생각이 굴뚝같을 때가 있다.

다행히 아빠가 하는 일 중에 카페 운영이 있어서 아이들 감귤모찌 만들기 체험 때 뽀뇨를 데리고 갔다. 모찌떡을 만드는 방법이 의외로 복잡한데 떡의 원료를 물과 혼합하여 살짝 끓이고 찰진 반죽을 한 후에 뜨끈한 상태에서 바로 떡을 빚어야 한다. 떡 안에 들어가는 앙꼬는 생과일 손질을 잘 하고 팥으로 과일을 예쁘게 싼 후 따뜻한 상태의 떡으로 모찌를 만들면 된다.

아이들 체험은 전 과정을 하기에 시간도 많이 걸리고 뜨거운 것에 데거나 손을 다칠 수 있다 보니 미리 준비된 앙꼬 재료를 안에다 넣고 모찌떡을 만들면 되는데 어른들도 이쁘게 빚기가 어렵다. 뽀뇨와 뽀뇨보다 한 살 많은 언니에게 체험을 시켰더니 하얗고 동그란 떡을 만든 것이 아니라 윗부분에 앙꼬와 과일이 노출된 꽃떡(?)을 만들고 말

앉다. "뽀뇨, 뭐 만들고 있어요?" 했더니 "거북이를 만들고 있어요"라고 한다. 본인이 직접 음식을 만들어보고 만든 음식을 맛있게 먹는 것이 먹거리 체험의 기본인데 뽀뇨는 먹거리 체험이 아니라 공작 체험인 줄 알았나보다. 덕분에 함께 모찌 체험을 하던 사람들과 한바탕 웃었다.

가끔 뽀뇨는 어린이집에서 떡을 만들어보기도 하고 텃밭에서 직접 채소를 수확해보기도 하는데 아빠, 엄마와 교감하며 하는 체험만큼 효과가 확실한 것은 없는 듯하다. 우리집 식단은 반찬이 3개 정도밖에 되지 않을 정도로 단출한데 그 반찬 또한 제철 채소를 그대로 먹는 경우가 많아서 원재료의 맛을 고스란히 느낄 수 있다.

아이의 입맛을 고려해서 특별히 음식을 한다기보다는 제때 식사를 챙겨서 먹고 식사를 제외한 별도의 음식을 잘 먹지 않는다는 것, 아이가 먹지 않으면 억지로 먹이지 않는다는 것이 우리 가족 나름의 철칙이다. "뽀뇨, 먹고 싶지 않아요?"라고 물어보고 "안 먹을래요"라고 대답하면 더이상 밥을 먹이지 않는다.

'먹고 싶을 때, 아이가 찾을 때 먹인다'는 원칙 때문에 가끔은 아이가 저체중이 아닌가 하는 생각이 들 때도 있지만 요즘 시기에 영양분이 부족하다고 보지는 않는다. 적게 먹이더라도 제대로, 좋은 것을 먹여야겠다는 생각에 이르다보니 아내도 나도 먹거리에 대한 것만큼은 욕심이 있다.

아이에게 좋은 먹거리를 맛보이게 함으로써 건강한 식습관을 들이고 좋은 음식과 나쁜 음식을 구분할 수 있는 능력을 키우려고 하는 욕심은 어떤 부모나 가지려고 하고 또 가져야 할 것이다. 그러기 위해서는 좋은 음식의 재료가 되는 농산물이 필요하고 그 농산물을 이용해 먹기 좋고 영양도 살릴 수 있는 요리법을 알아야 한다.

처음부터 전문가가 될 수는 없겠지만 좋은 재료를 만들어내는 사람과 좋은 재료로 음식을 만들고 이를 가르쳐주는 사람을 가까이 사귀어야 아이들에게도 좋은 배움을 줄 수 있다고 생각한다. 뽀뇨가 아직 어려서 교육은 물론이거니와 먹거리 체험도 잘 따라가지 못하는 편이지만 먹거리에 대한 교육은 좋은 것을 먹어보는 것에서부터 시작한다고 생각하기 때문에 잘 먹이는 데 집중하고 있다.

우리 가족은 유명한 맛집보다는 지역에서 나오는 제철 식재료로 집밥처럼 음식을 만들어 내어놓는 음식점을 주로 찾는다. 특히 요즘은 토종 먹거리에 대한 관심이 나날이 높아지고 맛을 알아가는 교육이 점차 확산되고 있어서 참 다행이다.

"뽀뇨야, 잘 먹고 건강하게 자라다오."

슬로푸드로 즐기는 먹을 거리 체험

로컬푸드 요리사

박소연 님이 운영하는 페이스북 페이지로 로컬푸드 관련 정보와 요리법 등이 소개된다. 가시리에 이주한 그녀는 조랑말박물관에서 말똥을 치우는 일을 돕다가 '말똥쿠키'를 착안하게 되었다. 더럽고 지저분한 것이라고 생각되던 '똥'을 주제로 한 먹거리 체험인데 아이들은 재미로 체험을 하다가 '똥'을 가지게 놀게 되고 먹게 되니 '똥'의 자연순환에 대해 한 수 배우게 되는 것이다.
https://www.facebook.com/jejulocalfood

먹거리 인터뷰

뽀뇨 아빠인 내가 직접 운영하는 팟캐스트 먹거리 인터뷰. 좋은 먹거리를 만들고 소개하는 것을 목표로 농부, 요리사, 교육가, 유통전문가 등을 찾아서 그 의미에 대해 이야기를 나눈다.
http://foodinterview.iblug.com

샤라의 정원

신영 대표님의 건강 먹거리 철학을 들을 수 있고 로컬푸드를 활용한 음식을 맛볼 수 있다. 제주의 '샤라의 정원'은 건강한 음식을 만드는 대표적인 로컬푸드 식당이다. 친환경 현미밥, 해산물 스파게티, 이태리식 닭요리 등에 들어가는 모든 식재료는 주인장인 신영 님이 직접 텃밭에서 기르거나 깐깐한 기준으로 엄선한다. 식사 중에 절대 물을 내어놓지 않을 정도로 손님들의 건강에 신경을 쓰고 직접 만든 발효음료에 대해서는 기능까지 자세하게 소개해준다.
제주시 조천읍 선흘리 3976, 064-783-9631

한라산 청정촌

제주 토종인 푸른독새기콩으로 2대째 된장을 만드는 농장. 최우수 농어촌 체험농장으로 선정되었으며 학생들을 대상으로 장 만들기 체험을 운영하는 교육농장이다. 제주에서는 유일하게 음식문화유산 등재 프로젝트인 '맛의 방주'에 제주 토종인 푸른독새기콩과 장 담그는 기술이 등재 계획 중에 있다.

서귀포시 중문동 1226, 064 - 738 - 8245

제주생명농업

오재길 선생님이 운영하는 농장. 유기농 당근과 고구마, 만차량 호박 등이 엄격한 관리를 통해 재배된다. 당근은 당도가 높아 주스로 만들어 먹으면 좋다. 가시리에서 유기농 당근농장과 농업재단을 운영하고 계시는 94세의 오재길 선생님은 '세상에서 가장 선한 직업'을 찾아 농부가 되셨다. 성경 구절에 나오는 '선한 농부'가 되기 위해 제주에서 화학비료, 농약, 심지어 축산퇴비도 쓰지 않는 청정한 유기농 당근 농사를 짓고 계신다.

서귀포시 표선면 가시리 2688, 064 - 787 - 5799

PART 4

뽀뇨야,
아빠의 마음이 들리니

아내를
이해하게 되다

내가 전업육아 아빠로 살았던 시간 그리고 아내가 주된 생계를 책임졌던 시간은 그리 길진 않았지만 우리에게 서로의 역할이 얼마나 힘들고 무거운 자리였는지를 깨닫게 하는 데 충분한 시간이었다.

©이재정

'육아 아빠'로서 가장 큰 장점은 '아내를 이해할 수 있게 되었다'는 점이다. 예전에 머릿속으로 '이해'했었던 것과는 달리 아내가 이야기하는 상황을 온몸으로 공감하고 함께 문제를 고민해보게 되었다는 점이 육아를 하면서 생긴 가장 큰 변화라고 생각한다.

많은 사람들이 육아가 '전쟁'이라고 이야기한다. 언제 회사에서 잘릴지 모르고 매일같이 경쟁하는 회사라는 '전쟁터'에서 살아 돌아온 아빠가 다시 집에서 '전쟁'을 치러야 한단 말이냐 누군가 하소연 할지 모르겠다. 집에 돌아와 보면 편안한 쉴 곳은 어디에 있는지 안방, 작은 방, 책방 할 것 없이 아이의 장난감과 잡동사니들이 바닥을 뒹굴고 있고 옷장에 옷, 책장의 책, 부엌의 가재도구가 모두 꺼내어 어질러져 있다. 육아환경에 익숙한 사람이 아니라면 흡사 '전쟁터'와 비슷할 수도 있다.

요즘은 집에서 육아만 전담하는 아내를 찾아보기가 힘들다. 밖에서 치열한 경쟁을 해야 살아남는 아빠만큼이나 온 힘을 써야 유지가 되는 일들을 요즘 엄마들이 하고 있다. 결국 엄마나 아빠나 밖에서 전쟁을 치르기는 마찬가지인데 집에서의 전쟁은 왜 아내만의 몫이 되어야 할까?

접근법을 달리하면 조금 달리 보일 수 있다. 육아가 언제까지 해야 하는 또 하나의 '숙제'로 다가오는 사람들에게는 해치워야 할 '전쟁'으로 느껴질 테지만 우리 가족이 함께 이루어가야 할 '공동의 관심거리'라고 본다면 스트레스 받을 일이 아니다.

그렇다면 이렇게 해보는 것은 어떨까?

1. 심하게 어질러져 있을 때는 그것이 불편한 사람이 먼저 치운다.
2. 함께 있을 때는 함께 치운다. 지저분함에 불편함을 느끼고 안 느끼고는 사람들 간의 편차가 있으므로 상대방과 협의를 해서 치울 때는 반드시 같이 치운다.
3. 만약 둘 다 불편함이 없다면 정기적으로 청소하는 날을 정해두고 치운다.

요리를 준비할 때도 동일한 절차를 따른다. 배고픈 사람이 먼저 상을 차린다. 한 명이 밥을 먹었다면 안 먹은 사람이 먹을 것을 차린다.

만약 집안일과 회사일 모두를 전쟁으로만 여기는 아빠가 있다고 치자. 휴일에는 잠만 자는 아빠, 매일 잠들어 있는 밤에만 들어와서 술 취한 얼굴로 아이의 잠을 깨우는 아빠, 아이와의 약속을 잘 어기는 아빠, 카레는 고사하고 라면 하나 못 끓이는 아빠, 아이는 전장의 군인이 필요한 것이 아니라 내 옆에서 내 손을 꼭 잡아줄 아빠가 필요하다. '노병은 죽지 않는다. 다만 사라질 뿐이다'라고 누군가 이야기를 했지만 군인 아빠 또한 아이들 머릿속에서 사라질 뿐이다.

군인 아빠가 아빠의 자리로, 집에만 오면 손 하나 까딱 하지 않는 남편이 제자리로 돌아오기 위해서는 어떤 계기가 필요하지 않을까? 나는 그 계기가 제주에서의 첫 직장을 그만두고 생긴 육아의 경험이었다. 육아 아빠로 지내기 위해 현재의 일을 계속할 것인가, 아니면 출퇴근이 칼같이 정해진 일반 직장을 선택할 것이냐 고민을 했지만 답은 뻔했다. 그런 나에게 아내는 내가 가야 할 길을 명확히 정해주었다.

"수미 씨, 예전처럼 직장생활을 하며 돈을 많이 버는 일이 좋을까요? 아니면 아이를 돌보며 여유도 가지고 적은 돈을 버는 것이 좋을까요?"

"돈은 적게 벌어도 좋아요. 당신이 지금 행복하면 또 뽀뇨가 행복하다면 아이 돌보며 할 수 있는 일을 계속 해보세요."

정말 멋진 아내이지 않은가? 남편에게 돈 많이 버는 것을 요구하기보다는 아이와 더 많은 시간을 보낼 수 있는 일을 해보라는 아내가 '나의 아내'라니! 쉽지 않은 생각일 텐데 아내는 나의 마음을 읽어주었다. 아내라고 해서 이런 결정이 쉽지는 않았을 것이다. 오로지 가족의 행복에 귀 기울이고 최선의 방법을 고민하는 아내였기에 이런 결정을 내릴 수 있었을 것이다.

내가 전업육아 아빠로 살았던 시간, 그리고 아내가 주된 생계를 책임졌던 시간은 그리 길진 않았지만 우리에게 서로의 역할이 얼마나 힘들고 무거운 자리였는지를 깨닫게 하는 데 충분한 시간이었다. 그리고 나는 아이를 돌보는 것이 결코 자신의 능력을 죽이거나 일방적으로 희생하는 것이 아니라는 것을 육아를 통해 알게 되었다. 처음 아이를 볼 때는 아이만 보다가 내가 뒤처지는 것이 아닌가, 앞으로 이 험한 세상을 살아나갈 수 있을까 잠시 걱정도 되기도 했지만 아이와 함께 있는 시간이 큰 행복임을 느끼고 거꾸로 아이가 나의 보살핌을 통해 건강하게 커가는 모습을 보면서 자신감이 생겼다.

아무리 전문직 프리랜서로 있는 엄마라고 하지만 오후 5시만 되면 어린이집 버스를 기다려야 하는 것을 보면서 '아내가 만약 육아로부터 자유로웠다면 더 날개를 펼칠 수 있을 텐데'라는 생각을 해본 적이 있다. 하지만 '아이로부터 자유'보다 '아이와 함께 할 수 있는 자유'가 무엇인지 알기에 그리 길게 생각하지 않기로 했다.

사람은 누구나 자신의 '몫'이 있다. 그 '몫'을 자신만이 떠맡으려거나 다른 사람에게 미루는 것은 서로에게 좋지 않다. '육아'도 마찬가지다. 한 아이를 키우는 데 온 가족이 관심을 갖고 매달려야 하고 지인과 공동체의 사람들이 관심을 쏟아야 한다. 갇혀 있는 공간에서 알을 돌보듯이 홀로 아이를 돌보는 엄마는 외롭고 또 건강하지 않다.

닫힌 공간에서 나와서, 풀밭에서 햇볕을 쐬고 시원한 바람을 맞기 위해서는 아빠의 도움이 필요하다. 아이를 함께 돌보겠다는 '의지'와 '책임감' 그리고 아이의 육아에 대해 공감해줄 수 있는 '감수성'만 있다면 '일'과 '살림살이'에 치여서 힘들어하는 아내의 마음은 한결 가벼워질 것이다.

나는 지극히 평범한 경상도 남자로 30년을 넘게 살아왔다. 그리고 아무도 아는 사람 없는 제주에 아내와 단 둘이 내려와 아이를 낳아 가정을 이루었다. 누구 하나 우리를 돌봐줄 사람이 없는 곳에서 '남자가 어떻게?'라고 하는 것은 사치에 불과한 일이었다. 어찌 보면 바쁜 생활 속에서도 가족을 소중히 알고 내부를 들여다볼 수 있는 기회를 제공한 것이 나의 제주생활에서 가장 큰 소득일 것이다.

낙원에 살더라도
시간이 없다면 무슨 소용일까

아이가 아무리 어린 나이라 하더라도 이러한 상황을 잘 받아주어 고맙고 늘 감사한 마음이다. 그래서 돌아오는 차 안에서는 늘 마음을 표현한다.
"아빠에게 잘 협조해줘서 감사합니다. 사랑합니다."

육아 원칙을 지켜나가는 데 필요한 또 하나의 절대적인 조건은 '시간'일 것이다. 제주가 아니라 '낙원'에 살더라도 절대적인 시간이 부족하다면 아이와 함께 할 수가 없다. 동화읽기와 요리하기에 필요한 시간은 잠들기 전 30분, 밥 먹기 전 30분이다. 하루 24시간을 놓고 볼 때 적은 시간이지만 충분한 시간과 여유가 없다면 함께하기가 어렵다. '애초에 힘든 일이다'라고 포기할 부모들이 많겠지만 내 삶에서 무엇이 더 중요한가를 놓고 생각해본다면 쉽게 포기할 일은 아닐 것이다.

　　36개월까지 우리 힘으로. 아이를 돌보고 데리고 다니는 것이 힘이 들지만 36개월까지는 어린이집에 보내지 않기로 마음을 정했다. 형제가 없으니 아이의 사회성을 위해서는 일찍부터 보내는 것이 좋다는 이야기에 조금 흔들리긴 했지만 뽀뇨는 우직하게 36개월을 아빠, 엄마와 함께 보냈다. 간혹 어려울 때는 아파트 부녀회장님과 그 댁 아이들의 도움이 있었지만 아빠, 엄마의 정성이 뽀뇨에게 좋은 기억으로 남게 하고자 했다.
　　우리 부부가 '36개월' 원칙을 지킬 수 있었던 것은 흔들리지 않은 원칙이 있기도 했지만 주변에서 '어떤 육아가 가장 좋다'라고 섣부른 조언을 하는 분들이 많지 않았던 것도 한몫을 했다. 조급함 없이 아이가 준비가 될 때까지 기다려주는 것은 어찌 보면 느긋한 제주 라이프스타일과 곡선이 어우러진 자연환경도 큰 역할을 했을 것이다.

아이를 보면서 제일 힘든 것은 아이는 부모를 기다려주지 않는다는 것, 만약 24시간 육아를 한다면 휴식시간이 없다는 것이다. 아이를 보는 것은 말 그대로 '아이를 지켜보기'부터 시작한다. 아이가 혼자 놀더라도 잘 놀고 있는지, 주위에 위험상황은 없는지 '주시'해야 한다는 것이 다른 일을 병행하기 어렵게 한다.

조금 컸다 하더라도 아빠가 집에서 아르바이트라도 할라치면 내가 앉은 컴퓨터 앞에 올라와 앉는다. 업무나 공적인 전화를 받을라치면 옆에서 전화기를 뺏으려 하거나 소리를 크게 지른다.

"나도 저나할래."

"뽀뇨! 아빠 지금 중요한 일 하고 있어요. 전화 다 하고 뽀뇨랑 놀아줄게요."

"시러. 나도 저나할꺼야. 저나기 줘."

아빠의 전화기를 뺏으려고 이러저리 올라타는 뽀뇨를 한 손으로 저지하며 고객의 전화에 응답하는 것은 그야말로 고역이었다. 지금이야 익숙해진 일이고 아이 소리에 신경을 쓰진 않지만 처음에는 이런 일들이 내 일을 어렵게 만들까봐 신경이 많이 쓰였다.

'나를 집에서 애 보며 일하는 사람이라고 무시하지 않을까?', '처음 일과 관련하여 만나는 사람인데 아이를 데려간다면 실례가 되지 않을까?' 별별 생각이 다 들었지만 막상 그렇게 일을 해보니 'I don't care'였고 흠이 되는 상황도 아니었다.

문제가 있다면 일할 시간을 확보해야 하는 것인데 결국은 아이를 재우고 잠시 일할 수밖에 없었다. 육아하면서 제일 힘든 부분이 바로 이 부분인데 낮잠을 재우기 위해서는 자는 척이 아니라 실제 몇십 분이라도 옆에서 잠을 자야 한다. 낮잠 잘 자는 아이거나 토닥토닥 아이를 잘 재우는 엄마들이라면 잘 모르겠지만 육아생초보 아빠의 방법은 오로지 옆에서 같이 잠자는 방법밖에 없었다. 자는 척한다고 눈을 감았다가 살짝 뜨면 또 어떻게 아는지 일어나서 내 눈을 눌러보고, 또 자는 척하다가 눈을 살짝 뜨면 또 누르기를 여러 번 반복. '에이, 안 되겠다' 하며 포기하고 진짜 잠을 자야지 아이를 재울 수 있었다.

"아빠. 자지 마. 뽀뇨 동화책 이만큼 이만큼 이마~안큼 읽어줘."
"뽀뇨. 이제 낮잠 잘 시간이에요. 낮잠을 잘 자야 키가 쑥쑥 크고 건강한 어린이가 되는 거예요."
"뽀뇨는 어린이 안 하꺼야. 뽀뇨는 아기 하꺼야."

결국 방법은 아빠가 그냥 잠이 든 것처럼 연기를 하는 방법밖에 없다는 것을 깨닫게 된 후론 칸 영화제 남우주연상에 버금가는 잠자는 연기 신공을 보여줘야만 했다. 가끔 잠꼬대 연기도 하면서 말이다.

남들이 일을 하고 있는 환한 대낮에 아이를 재우기 위해 낮잠을 자야 하는 아빠의 심정은 어떨까? 1번, 행복하다. 2번, 답답하다. 3번, 기가 막히다. 4번, 모르겠다. 정답은 1번부터 4번까지 전부이다.

복잡한 심경이란 의미다. 힘든 점이 있다면 잠이 든 상태에서 아이가 잠든 것을 확인하고 일어나 일을 해야 한다는 것이다. 참 신기한 것은 아이를 재울 목적으로 잠을 청하다 보니 아이가 잠이 든 시점에서 자연스럽게 잠에서 깬다는 것이다. 잠시 자다가 깨서 그런지 피곤은 더했다. 오후 몇 시간이지만 이 시간을 활용하여 아르바이트도 하고 중요한 전화도 한다. 정말 피곤한 날은 함께 잠을 청한다.

멀리 타지역에서 와서 시골마을에서 일을 하다 보니 뽀뇨 덕분에 한 마디 할 이야기도 두 마디 하게 되고 서로 안부도 묻게 되었다. 지역에 자리 잡으려고 하는 사람들에게 아이는 얼마나 큰 자산인지 모른다. 제주의 어떤 마을은 폐교를 앞두고 아이들을 유치하기 위해 아이가 있는 가족에게는 집을 공짜로 내어주고 있다. 마을 사람들이 십시일반하여 공동주택을 지을 정도의 열정이니 자연스레 마을에 오는 아이에게 관심을 가질 수밖에 없는 것이다.

아이가 낯선 사람, 특히나 얼굴이 검고 손이 거칠며 옷에 흙이 잔뜩 묻은 아저씨나 할아버지들을 좋아할까, 무서워하지는 않을까 걱정도 했다. 마을 형님들이 "한 번 안아보자"라고 했을 때 울어버리면 어쩌나 했는데 다른 사람 품에 안겨서 잘 웃고 이야기도 잘 나누어서 마음이 놓였다.

"다른 아이들은 낯선 사람 만나면 싫어하는데 낯도 안 가리고 잘 적응하는 거 같아."

"아빠가 워낙에 아이를 많이 데리고 다녔어야지. 이제 익숙한가봐."

시골 마을의 사람들이 한 마디씩 이야기를 하는데 이상하게도 싫지가 않았다. 어릴 적의 나는 낯을 많이 가려서 엄마 옆에만 졸졸 따라다녔다. 그래서 그런지 사진 찍기를 정말 싫어하고 울며 짜증내던 기억도 많다.

뽀뇨의 다소 예민한 성격은 아빠 판박이고 남자친구 유담이를 처음 만났을 때는 등을 돌리고 한참을 외면하기도 했다. 어린이집을 다닐 때도 꼭 집에 와서 응가를 눌 정도로 예민한 아이인데 마을에 가서는 아빠를 도와주려고 그러는지 예상 밖의(?) 개방적 성향에 한편으로 고맙고 다행이다 싶다. 동네 어른들이며 만나는 사람들마다 칭찬을 해주니 기분이 좋고 어깨가 으쓱해진다.

아이가 아무리 어린 나이라 하더라도 이러한 상황을 잘 받아주어 고맙고 늘 감사한 마음이다. 그래서 돌아오는 차 안에서는 뽀뇨에게 늘 마음을 표현한다.

"아빠에게 잘 협조해줘서 감사합니다. 사랑합니다."

준비가 될 때까지
기다려줄게

제주에서 육아를 하면서 몇 번의 '어려움'이 있었지만 우리 부부는 쳇바퀴처럼 돌아가는 '시간'을 거스르고 제주에 온 것에 대해 후회한 적이 없다. 대도시의 속도와 그 속도에 맞추기 위한 경쟁에서 한 발짝 비켜서 있다 보니 시간을 느긋하게 기다릴 줄 아는 내공이 생겼다.

육아를 하며 가까이에서 아이를 지켜보지만 내 아이가 어떤지를 잘 알기 어렵다. 아이 옆에만 있다고 해서 아이를 잘 돌보는 것은 아닌 듯하다. 지금까지도 어려운 부분이 바로 '아이를 관찰하는 법'인데 시간이 충분하더라도 아이의 행동을 잘 알아보고 이를 유추해서 해석하고 아이의 성장과정에 맞는 적절한 처방을 내리는 데까지는 한참 부족하다.

짧은 시간을 보내더라도 집중해서 아이를 지켜보는 아내에게 매번 배우게 되는 것이 바로 이 부분이다. 아이를 자세히 지켜보다 보면 '이때쯤이면 이렇게 해야 한다'라는 것이 반드시 생기게 마련이다. 예를 들면 아이가 뒤집기에 성공하고 배를 붙이고 고개를 들기 시작하면서 엄마들은 '배밀이를 언제 하나' 기대를 하며 기다리게 된다. 나 또한 뽀뇨가 생후 7개월 즈음이 되자 '이제나 배밀이 하려나 저제나 배밀이 하려나' 한참을 기대하게 되었다. 다리의 미는 힘이 부족했는지 어땠는지 모르겠지만 '전진'이 안 되고 '후진'만 하는 아이를 보며 혹시 아이에게 이상이 있는 게 아닌가 하는 생각이 스멀스멀 올라오기 시작했다. 그런데 웬걸, 7개월이 지나고 나니 배밀이를 바로 생략하고 기기 시작했다.

몸무게가 많이 나간다고 친척들이 놀렸지만 처음으로 두 손과 두 발을 이용하여 앞으로 긴 것이다. 네 발이 된 상태에서 오른쪽 뒷다리를 앞으로 당기고 반대쪽 왼손을 내밀어야 하는데 균형잡기가 힘들어 쓰러지는 일이 많았지만 아빠가 보기엔 암스트롱이 달 착륙을 위해 내디뎠던 첫 발자국만큼이나 의미가 있었다. '내가 괜한 걱정을 했구나.'

뽀뇨가 다른 아이들보다 늦은 것 같다는 생각을 하게 만든 다른 하나는 '기저귀 떼기'였다. 옆집 동갑내기 아이는 돌 지나고 바로 어린이집을 보내기 시작했고 그때부터 바로 기저귀를 떼기 시작했다는 이야기를 엘리베이터에서 들었다. 뽀뇨는 36개월이 다 되었는데도 엉덩이가 불룩하게 나와 있었다. "아직도 기저귀하고 있어?"라는 불필요한 참견을 듣기에 딱 맞았다. 집에 온 양가 어머님들은 볼 때마다 "뽀뇨가 빨리 기저귀를 떼야 한다"고 이야기를 했다. 밖에서 만나게 되는 지인들도 뽀뇨를 보면 "몇 개월이야?"라고 물어보고는 다시 물어보는 것이 "아직도 기저귀를 하고 있어?"라는 말이었다.

우리 부부도 24개월 이후부터 뽀뇨에게 기저귀를 떼는 연습을 시켰지만 좀처럼 쉽게 떼지지가 않았다. 어떤 사람들은 "어린이집에 가면 자연스럽게 기저귀를 뗄 수 있으니까 어린이집에 보내세요"라고 이야기를 했다. 아이에게 검소한 삶을 물려주고 싶었던 우리 부부는 우유와 기저귀를 제외하고는 아이 양육비로 불필요한 지출을 하지 않았는데 '기저귀 값'을 줄이기 위해 억지로 '기저귀 떼기'를 강요하지는 않았다. 그렇게 우리는 아이를 기다리기로 했다.

아이가 준비될 때까지 기다려주기, 부모의 판단으로 아이에게 강요하지 않기. 살아가면서 우리 부부에게 선택의 순간이 다가오면 최종적인 결정의 순간에는 딱 하나만 바라보았다. 과연 내가, 우리 부

부가, 우리 가족이 원하는 일인가, 그리고 아이에게 가장 필요한 일이고, 원하는 일인가였다. 설령 아이가 가는 여정에 많은 시간이 걸릴지라도 너무 조급해하지 말자고 우리 부부는 다짐하곤 했다.

매일 아침 어린이집 차를 기다리다가 봉고차가 와서 탑승할 때 뽀뇨는 친구들에게 자랑을 한다. "우리 아빠야!" 다른 집은 엄마 혼자서 차를 기다리다가 배웅을 하게 되는데 우리집은 아빠가 함께 배웅을 하기 때문이다. 하루 중에 짧은 시간이지만 아이를 기다리고 또 배웅하는 5분만큼 행복한 시간은 없으리라. 돌아올 때는 뽀뇨가 아빠를 기다릴 거라는 생각에 아빠도 마음이 들떠버린다.

제주에서 육아를 하면서 몇 번의 '어려움'이 있었지만 우리 부부는 쳇바퀴처럼 돌아가는 '시간'을 거스르고 제주에 온 것에 대해 한 번도 후회한 적이 없다. 대도시의 속도와 그 속도에 맞추기 위한 경쟁에서 한 발짝 비켜서 있다 보니 시간을 느긋하게 기다릴 줄 아는 내공이 생겼다.

늘 자연과 가까이 있다 보니 계절이 변하고 있음을 온몸으로 느끼게 되고 다음을 서두르지 않고 준비할 수 있게 된 듯하다. 하루 빨리 기고 하루 늦게 기는 게 뭐가 대수겠나 싶다. 불안해하지 않고 아이의 힘을 믿으려면 부모부터가 시간을 관조하는 힘이 있어야 함을 깨닫고 있다.

아내에게 배운
아이 관찰법

아이를 돌본다는 것은 '아이가 사고를 치지 않는지', '제재할 거리가 없는지'를 살피는 것이 아니다. 아이가 불편한 것은 없는지, 영양은 제대로 섭취하는지, 사고의 위험요소는 없는지를 적극적으로 살피고, 스스로 판단하고 그때그때 바로 처방하는 과정을 모두 포함해야 한다. 그 첫 번째 단계가 바로 '관찰'이다.

뽀뇨는 37개월이 되었을 때부터 동네 어린이집에 다니기 시작했다. 36개월까지는 어떤 일이 있더라도 우리 부부의 손으로 아이를 돌보자는 목표를 이루었다. 하지만 기저귀를 떼지 못하고 가게 된 어린이집이라 걱정이 많았다. 기저귀를 뗀 친구들을 보며 자연스레 기저귀 탈출을 할 만도 한데 쉽지가 않았다.

'아이가 준비될 때까지 기다려주자' 했지만 어린이집에 다닌 지 한 달이 지나니 아내와 나의 관심은 온통 배변훈련에 가 있었다. '아이의 배변훈련'에 대해 한참을 아내와 이야기하다 우리 둘은 뽀뇨가 예민한 기질이란 것은 익히 알고 있었지만 예민함이 배변훈련에까지 영향을 끼칠 것이라고 생각하지 못했다.

아내는 "뽀뇨가 어린이집에서 집에 돌아온 지 한 시간도 채 안 되어 끙을 한다"는 사실에 착안하여 두 가지 결론을 내렸다. 하나는 뽀뇨가 어린이집에서 끙을 하지 않을 정도로 민감한 성격이라는 점, 그리고 종일 끙을 참았다가 집에 와서 해결하니 '괄약근 조절'이 가능한 나이가 되었다는 추론에까지 이르렀다. 아내의 새로운 해석에 나는 4살 나이임에도 괄약근까지 키운 뽀뇨가 갑자기 대견스러웠다.

우리 부부는 '왜 아이가 똥 싸는 것에 대해 예민해졌을까'를 곰곰이 생각하지 않을 수 없었다. 어릴 적 탐구생활을 풀듯 고민에 고민, 생각에 생각을 이어가다가 아빠인 내가 '똥'을 '지저분하고 창피한 것'으로 여기게 한 것도 하나의 원인일 것이라는 결론에 도달하였다.

기저귀를 갈 때 나는 무심코 "아이구, 지저분해.", "아이쿠, 냄새나"라는 말들을 내뱉곤 했다. 그러다 보니 뽀뇨는 똥 싸는 것을 창피해

하며 기저귀 가는 것도 엄마에게만 허락을 한다. 아빠 입장에서는 혹시나 엉덩이가 짓무를까봐서 '냄새나면 바로 해결'을 원칙으로 하고 일러둔 말이었는데, 아이 입장에서는 오랜 시간 변을 참을 만큼 배변을 부끄러운 것으로 생각하게 된 것이다.

이날 아내와 대화를 나눈 뒤 나는 아내와 내가 아이 보는 시간은 비슷한데 왜 아내가 아는 것을 나는 모르는지 궁금해졌다. 나는 어린이집 선생님이 써주시는 메모와 뽀뇨의 말 몇 마디, 그리고 아내가 전해주는 이야기로 아이 발달에 대한 정보를 얻는다. 생각해보면 '타인'이 전해주는 이야기만으로 아이에 대한 실체를 파악해왔다. 내가 아이의 상태를 직접 눈으로 확인하고 평소와 다르거나 이상한 부분에 대해 적극적으로 찾아서 살피는 경우는 부족했던 것이다. 아직 형제가 없으니 사회성을 길러줄 수 있는 친구의 역할에 집중하자는 내 나름의 철학이 있기는 했지만 아이에게 집중하지 않은 것은 아닐까 반성했다.

아이를 돌본다는 것은 '아이가 사고를 치지 않는지', '제재할 거리가 없는지'를 살피는 것이 아니다. 아이가 불편한 것은 없는지, 영양은 제대로 섭취하는지, 사고의 위험요소는 없는지를 적극적으로 살피고, 스스로 판단하고 그때그때 바로 처방하는 과정을 모두 포함해야 한다. 그 첫 번째 단계가 바로 '관찰'이다.

나는 아내와 대화하며 '관찰하는 법'을 배웠다. 관찰을 제대로 하기 위해서는 시를 쓸 때와 마찬가지로 상대방에 대한 애정이 있어야 하고 또 시간이 있어야 한다. 대부분의 아빠들이 아이에게 애정충만 하겠지만 늘 '시간' 앞에서는 약자일 수밖에 없고 '여유'라는 단어에 익숙하지 않다.

'아빠가 그냥 되는 것이 아니다'라는 점은 아마 계속해서 내 머릿속에 남게 될 것 같다. 어린이집에서 가져온 선생님의 메모장 한 번 훑어볼 시간이 없는 아빠들이 많겠지만 아이가 아빠를 찾는 시기는 아이 평생에서 그리 길지 않다는 점을 새겨두었으면 좋겠다.

아빠, 무릉리 가요

아빠를 따라 다니며 아무 연고가 없는 시골마을에서 감귤도 따고 감자도 캐고 경로당 할머니들의 관심도 받으며 크고 있는 뽀뇨가 과연 아빠의 일을 어떻게 생각하게 될까? 가끔 농산물 배송작업을 하느라 눈코 뜰 새 없이 바쁠 때면 뽀뇨가 아빠의 고된 일에 대해 싫어하지나 않을까, 걱정스럽다.

뽀뇨와 늘상 함께 한다고 매일 좋은 일만 있는 것은 아니다. 조금은 염려스럽고 걱정되는 일도 있는데 바로 뽀뇨와 차로 이동하는 거리가 길다는 것이다. 제주시에 있는 집에서 일터인 무릉리로 가게 되면 왕복 이동시간이 넉넉잡고 두 시간은 걸리게 되는데 '돌' 때부터 그렇게 다녔으니 뽀뇨는 얼마나 지치고 힘들었을까? 장시간 운전이 아이에게 나쁜 영향을 미치는 것은 아닌지, 혹여 운전에 부주의한 일은 없을지 항상 조심하게 된다.

한때는 엄마와 떨어져 아빠와 차를 타고 갈 때 분리불안을 느껴 우는 시기가 있었다. 어떻게 울음을 멈추게 할까 생각했는데 가장 좋은 방법은 역시 '동요 부르기'였다. 송아지에서 시작해서 최신 만화영화의 주제곡까지. 밖에서 동요를 따라부르는 엄마들을 만나게 되면 동지의식에 반갑기도 하고 살아오며 언제 이렇게 노래를 외우고 따라 불렀을 때가 있었을까 싶다.

차 안에서 우는 아이를 차분하게 만들기 위해 일단 아빠가 선창을 시작한다. 가장 무난한 노래는 역시 '송아지'. "송아지~ 송아지~" 딱 두 소절을 부르면 뽀뇨는 "아니야 아니야" 하며 더 크게 운다. 그러면 아빠는 '뽀뽀뽀', '아빠 힘 내세요', '뽀로로' 등등의 노래를 바꿔 불러가며 눈치를 살피게 되는데 이제 화가 조금 풀렸다 싶으면 "아빠는 노래하지 마. 내가 부를 거야" 하며 뽀뇨 혼자 노래를 부르기 시작한다. 눈물은 온데 간데 없이 노래 부르기에 열심이다. 하나씩 그 날에 맞는 노래를 부르다 보면 코드가 맞을 때가 있는데 그 노래는 꼭 자기가 부르겠다고 나서면 울음은 이제 뚝이다. 친구처럼 경쟁하면서 좋아하는 것을 함께 하는 재미가 쏠쏠한데 아빠는 이를 여러 방면에 활용 중이다.

노형동 집에서 시작하여 평화로에 진입하고 공룡랜드 앞을 지나 제법 높은 고지대에 들어서기 시작하면 울음이 웃음으로 바뀌고 선창이 합창으로 바뀐다. 아이의 울음이 귓가를 얼얼하게 할 정도의 데시벨일 때라도 늘 같은 흐름으로 조화를 찾았고 아이의 마음이 진정될 때쯤이면 부드러운 선을 가진 새별오름이며 멀리 애월 한림 앞바다를 내려다본다. 남들에게는 여행길이겠지만 나에겐 출근길이다.

예전에 나는 제주도에 농촌 마을이 있는지도 몰랐다. 2000년도에 제주에 처음 왔을 때 머무르는 기간 내내 호텔에 머물고는 잠시 서귀포시장에 들렀을 뿐이다. 지금은 출근길인 평화로를 통해 공항으로 향하며 제주도를 언제 다시 와볼까 싶었다. 10년 만에 여기서 아이를 낳고 살게 될 줄이야 생각이나 했을까?

2009년 제주에 이주를 하고 놀랐던 것은 제주에서 굉장히 많은 농작물들이 생산되고 있다는 사실이었다. 감귤은 기본이고 마늘, 무, 양파, 콜라비, 배추, 당근 등 다양한 밭작물들이 겨울철에도 나오고 있었다. 눈이 내리는데 밭이 푸른 것을 보고 제주에 오신 어머니는 "우야, 저것 봐라. 제주도는 겨울에도 이파리가 살아 있네"라며 신기해하셨다.

지금은 그렇게 신기한 곳에서 농산물 꾸러미 일을 하게 되었으니

세상일은 참 알 수 없는 것이다. 일을 하다 보니, 삼다수로 농사를 짓고 겨울철에도 월동채소들이 많이 나오며 아직까지 젊은 사람들이 희망을 가지고 농사를 짓는 제주도가 대단하게 보인다.

뽀뇨를 데리고 다니며, 뽀뇨 덕분에 아빠가 점수를 많이 땄는데 아이한테는 누구나 마음을 열고 "누구 아긴고?", "네, 제 딸아이입니다.", "아, 무릉외갓집 사무장 아기구나. 엄마는 어디 가구?", "엄마는 제주시에서 일하는 중이어서요.", "할머니가 안아보자. 이리 와." 한 마디씩 말을 건네다보니 자연스럽게 내가 하고 있는 일에 대해서도 이야기할 수 있게 되었다.

아빠를 따라다니며 아무 연고가 없는 시골마을에서 감귤도 따고 감자도 캐고 경로당 할머니들의 관심도 받으며 크고 있는 뽀뇨가 과연 아빠의 일을 어떻게 생각하게 될까? 가끔 농산물 배송작업을 하느라 눈코 뜰 새 없이 바쁠 때면 뽀뇨가 아빠의 고된 일에 대해 싫어하지나 않을까, 뽀뇨의 직업관에 어떤 식으로든 영향을 끼치지 않을까 고민이 되기도 한다.

마을에서 일을 하고 돌아오는 길에는 고속도로인 평화로 대신 일주도로를 타고 제주시로 올라갈 때가 있다. 아빠가 일을 할 수 있도록 배려해준 뽀뇨에게 '바다'를 보여주기 위해서다. 뽀뇨가 돌 지나고부터 아빠를 따라다녔으니 아마도 그때부터 바다를 찾았을 것이다. 딸아이와 함께 하는 드라이브. 한림을 거쳐 애월, 하귀로 이어지는 아름다운 해안도로를 지나다보면 걱정스러웠던 마음이며 미안했던 마음들이 하나둘 자연스럽게 풀어진다. '만약 이 바다가 없었으면' 나의 육아 스토리는 어땠을까 싶을 정도로.

뽀뇨와 하나 사이,
첫째와 둘째 사이

"뽀뇨, 동생 이름 알아요? 이름 뭐예요?", "어, 하나야." 벌써 잊어 먹은 건가 싶어 "뽀뇨, 동생 이름 포비 아니구?" 했더니 "아빠, 내 노래 잘 들어봐. '내 동생 곱슬머리 개구쟁이 내 동생, 이름은 하나인데.'" "헉" 하는 소리와 웃음이 동시에 터져 나왔다. 5달 동안 엄마 아빠가 정하지 못한 둘째의 이름을, 뽀뇨가 하루아침에 지어버린 것이다.

둘째를 임신하고 나서 뽀뇨가 언니가 될지, 누나가 될지 궁금했는데 누나로 정해지니 가족들 반응이 뜨거웠다. 창원의 어머니는 아내에게 "너무 기뻐서 밤잠을 설쳤다"라는 메시지를 보냈고 큰누나는 내게 "딸 아들, 200점이네. 축하한다"라고 메시지를 날렸다. 딸 둘 키우는 것보다 육아가 힘들겠다고 걱정을 하고 있는 아내에게 전주의 장인어르신은 "아들 키워보는 것도 괜찮다"라는 덕담을 하셨다.

　　남들에겐 '아들이면 어떻고, 딸이면 어떠냐'라는 쿨한 이야기를 했지만 아내와는 "아들에겐 전셋집이라도 얻어줘야 하니 더 부지런히 돈을 벌어야겠다"는 우스갯소리도 나눴다. 성별에 구분 없이 딸아이를 키우다보니 그동안 입혔던 짙은 색 옷이며 운동화들은 아껴서 동생에게 물려주려 따로 모아두었다. 어찌 보면 그동안 입었던 옷들이며 신발들이 다시 주인을 찾아가게 된 것이다.

　　내게는 아들과 딸의 차이보다는 첫째와 둘째의 차이가 더 크게 다가온다. 누구나 한 번 겪으면 익숙해지는 법이다. 뽀뇨를 키울 때는 태명에서부터 아이 이름 짓는 것까지 일사천리로 진행되었건만 둘째 아이의 경우는 이름은 고사하고 태명 짓는 것부터 여유도 이런 여유가 없다. "수미씨, 오늘은 정말 태명을 정합시다" 하고 앉아서 이런 이름, 저런 이름을 불러보는데 마음에 드는 이름이 없는지라 또 하루가 지나갔다. 둘째의 태명은 아무래도 둘째가 되지 않을까 싶을 정도로 시간이 지나가니 뱃속의 아이를 불러보는 것도 가뭄에 콩 나듯 하고 있었다.

태교는 어떻게 했더라. 아빠가 뽀로로 노래도 불러주고 동화를 직접 그려서 읽어줄 때도 있었는데 둘째에게는 뽀뇨를 데리고 아내 배 앞에서 "뽀뇨, 동생이야. 안녕 하고 인사해." 정도가 태교라면 태교일까? 그나마 다행인 것은 5년 전 서울에 있을 때는 임신한 아내 곁에 있을 시간이 거의 없었는데 제주에 내려오니 시간적인 여유가 많아 더 많은 이야기를 나눈다는 것이다. 이제 성별도 정해졌으니 더이상 태명 짓는 것을 미루지 말자고 아내와 합의를 했다.

태명의 범위를 좁혀나간 것이 '미야자키 하야오 만화영화 주인공 시리즈'로 가자는 것인데 생각해보니 '미야자키 하야오'의 주인공들 중 이렇다 할 남자주인공이 떠오르질 않았다. "그러네. 미야자키 만화영화 속에는 딱히 떠오르는 주인공이 코난밖에 없네요" 아내와 얘길 하다 머릿속에 떠오른 이름이 있었으니 바로 코난의 단짝 '포비'였다. 뽀뇨에게 "뽀뇨의 동생 이름으로 포비 어때요?"라고 물어보니 "포비? 나 싫어. 뽀로로 할래" 한다. 생각해보니 어른들의 포비와 뽀뇨의 포비가 달랐다. 어찌되었건 '포비'로 급하게 결정했는데 기막힌 일이 일어났다.

"뽀뇨, 동생 이름 알아요? 이름 뭐예요?", "어, 하나야." 벌써 잊어먹은 건가 싶어 "뽀뇨, 동생 이름 포비 아니구?" 했더니 "아빠, 내 노래 잘 들어봐. '내 동생 곱슬머리 개구쟁이 내 동생~ 이름은 하나인데.'"

"헉" 하는 소리와 웃음이 동시에 터져 나왔다. 5달 동안 아빠, 엄마가 정하지 못한 둘째의 이름을, 뽀뇨가 하루아침에 지어버린 것이다.

그때부터 둘째의 태명은 '포비'가 아니라 '하나'가 되었다. 이제 뽀뇨에게도 가족이 한 명 더 생겼고 '하나'에게도 뽀뇨가 좋은 친구가 될 것이다.

뽀뇨 아빠에서 뽀뇨 하나 아빠로 다시 태어나다 보니 길어진 이름만큼이나 나를 채우는 것들은 더 많아져야 될 것이다. 두 아이 아빠로 어떻게 살아갈지를 상상하며 오늘도 더 행복해진다.

내가 제일
행복할 때

'내가 제일 행복할 때'는 제주의 아름다운 풍광 속의 주인공이 되어 나의 시간을 가족들과
함께 온전히 사용하고 계획된 방향으로 나아가는 것이다. 천천히 느긋하지만 정해진 방향으로
우리의 시간이 흘러갈 때 아마도 제주에서 제일 행복한 남자가 되어 있을 것이다.

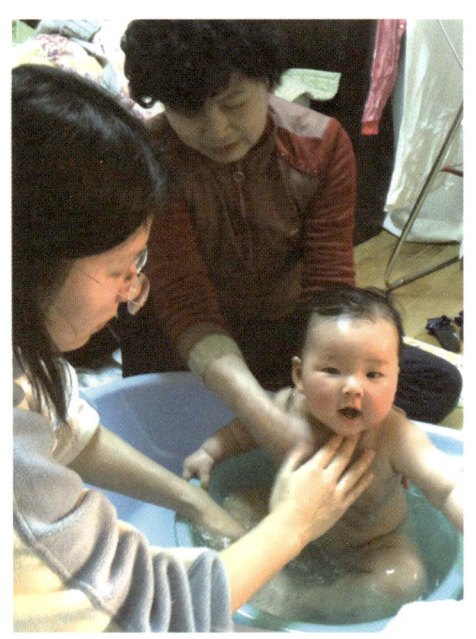

아내와 나는 동갑내기로 2008년 결혼했다. 광화문에 있는 직장에서 30분 거리에 있는 지하철역 중에 전셋값이 가장 싼 곳이 어디일까를 물색하여 첫 둥지를 튼 곳이 바로 강서구 화곡동에 위치한 까치산역이었다. 결혼하고 제주로 내려오기까지 2년 동안을 아내와 전셋집에서 살았는데 동갑내기지만 크게 싸우는 일 없이 잘 지내왔다.

그 이유 중에 많은 것이 있겠지만 우리가 결혼을 하며 하게 된 약속과 서로 존중하며 유지해오고 있는 존댓말 쓰기에 이유가 있을 것이다. 우리는 결혼식장에서 많은 하객들 앞에서 직접 작성한 5개조 선언문을 낭독하였다.

1. 아무리 작은 일이라도 상의해서 결정한다.
2. 청소와 요리, 장보기는 꼭 같이 한다.
3. 반드시 밤 12시 전에 귀가한다.
4. 아무리 크게 싸워도 각방을 쓰지 않는다.
5. 상대방이 하는 일에 반드시 칭찬을 한다.

6년을 함께 살아오며 이 선언을 크게 어기지 않았던 것은 남편인 내 입장에서 볼 때 아내의 격려와 포용력 때문이었다. 어떤 여자가 남편이 아무 연고도 없는 곳인 제주로 이주한다고 했을 때 쉽게 동의해줄 것이며, 직장을 그만두고 '아이 보는 것이 좋아서 급여가 작은 직장에 다니고 싶다'는 이야기에 수긍하고 격려해줄까? 부족한 것이 많은 우리 부부의 결혼생활이지만 행복마저 부족한 것은 아니었다.

가끔은 우리가 걸어온 길을 돌아보며 아내와 이야기를 나눌 때가 있다. "당신은 제주에 내려와서 사는 게 행복해요?" 둘 다에게 똑같이 던지는 질문인데 처음에 아내는 다시 서울로 돌아가고 싶은 생각이 많았던 것 같다. 한 번은 아내가 직장 워크숍에 참여하기 위해 서울에 갈 일이 생겼는데 서울 가서 '어떤 것을 제일 해보고 싶냐'고 물으니 함께 학원을 다니던 광화문 네거리도 가보고 지하철도 타보고 싶다고 했다.

옛 기억을 떠올리고 싶어서 그러려니 했는데 지하철을 타보고 싶다는 건 참 엉뚱한 답변이었다.

"왜 지하철을 타고 싶어요?"
"서울에선 지하철 타면 어디든지 가잖아요."

아내는 배가 남산만큼 불렀을 때도 구제주 시가지를 걸어다녔는데 그 이유가 제주를 느끼고 싶어서가 아니라 '교통이 불편해서'라는 것을 한참이 지난 후에 알게 되었다.

나에겐 환상의 섬 제주가 아내에겐 불편한 동네로 처음 와 닿은 것이다. 뽀뇨를 낳고부터는 바깥활동도 조금씩 하게 되었는데 동네에 있는 작은 도서관인 '달리도서관'은 아내에게 작은 휴식이 되어주었다. 가끔씩 열리는 강연에 참석하고 미술치료 수업을 정기적으로 들으며 사람들도 알아가고 숨을 돌릴 수 있었다.

'내가 제일 행복할 때'는 지금 내가 살아가고 있는 이 공간에서 '아내가 행복을 느낄 때'이다. 아내는 문화공연이나 수업을 들을 때나 남편인 내가 회사 일을 마치고 돌아와 잠시나마 뽀뇨를 돌보는 것만으로도 작은 만족을 느꼈을 것이다. 특히, 미술치료 수업을 함께 들었던 분들과 꽤 친해져서 정기적으로 모임도 가지고 가족까지 서로 알 수 있을 정도로 속 깊은 이야기를 많이 하였고 이러한 과정을 통해 아내는 제주에 마음을 붙일 수 있었다.

믿기지 않겠지만 나의 소원 중 하나는 '제주에 정착하여 살기'였다. '죽은 사람 소원도 들어준다고 하는데 산 사람의 소원을 못 들어줄까'라는 이야기가 있는데 '산 남편'의 소원을 들어준 것은 하느님이 아니라 '아내'였다.

그래서 그런지 내가 제주에 이주하며 살아가고 있는 이야기를 해줄 때면 많은 사람들은 "아내를 받들어 모셔야겠다"고 한다. 그도 그럴 것이 '남편의 소원을 이루어준' 능력 있는 아내이기 때문이다. 한번은 아내가 "제일 행복할 때가 언제예요?"라고 묻길래 "퇴근하고 현관문을 열면 뽀뇨랑 당신이 반갑게 맞을 때가 제일 기뻐요"라고 이야기했다.

그럼 슬플 때는 언제일까? 생각해보니 외롭고 슬플 때는 결혼 전 서울에 혼자 살 때였던 것 같다. 이후 결혼을 하고 가족이 생기면서는 기쁜 일이 나에게 점점 더 많아졌다. 제주에 내려와서 남긴 블로그에 이런 문구가 남겨져 있다. "제 사전에 '슬픔'이란 단어가 세찬 제주 바람에 퇴색되어 잘 보이질 않습니다"라고.

　서울 인사동 문예아카데미 시 창작 교실을 다닌 적이 있는데 그때 만난 분들과 가끔 통화를 할 때가 있다. 나를 잘 아는 친구들은 "요즘도 시를 써?"라고 물어보곤 한다. "내 친구는 시인이야"라고 자랑스럽게 지인에게 소개하던 친구들이다. 나는 행복에 겨워 이렇게 이야기한다. 제주에 사는 것이 너무 행복해서 시를 쓸 수가 없다고 말이다.

　'내가 제일 행복할 때'는 제주의 아름다운 풍광 속의 주인공이 되어 나의 시간을 가족들과 함께 온전히 사용하고 계획된 방향으로 나아가는 것이다. 그 모든 것은 아내와 함께 뽀뇨의 손을 잡고 걷는 한라수목원 길에서 이루어지고, 또 함께 바라보는 이호해수욕장의 일몰을 보며 충만하게 채워진다. 천천히 느긋하지만 정해진 방향으로 우리의 시간이 흘러갈 때 아마도 제주에서 제일 행복한 남자가 되어 있을 것이다.

PART 5

아이와
떠나는
제주 체험
이모저모

제주에서 아이와 함께 할 수 있는 체험 코스 가이드

아이와 함께 여행할 때는 부모 욕심을 버리는 것이 좋다. 많이 돌아다니고 싶고 시간도 아까울 테지만 그럴 때일수록 아이를 배려하고 아이가 좋아하고 쉴 수 있는 공간으로 가는 것이 좋을 것이다. 준비물 역시 아이들을 생각해서 상비약, 물, 여벌의 옷 등을 준비한다. 여름이라면 물놀이 & 모래 놀이 용품을 준비해 간다면 더할 나위 없을 것이다.

주의할 점이라면 제주의 변덕스러운 날씨다. 낮에는 덥다가도 밤이 되면 춥고, 비가 옆으로 오기도 하고 바람이 정신없이 불기도 한다. 옷을 챙기더라도 이러한 점을 감안하고 챙겨야 한다. 여름이라도 꼭 유념해야 한다.

1. 단기 여행

제주도 단기 여행에서 가장 중요한 것은 숙박지를 어디에 잡는가이다. 렌터카로 몇 시간 돌고나니 볼 것이 없다는 것은 이제 옛이야기. 제주를 제대로 즐기기 위해서는 가장 오래 머물고 싶은 곳에 숙소를 정하고 근처를 둘러보는 것이 좋다. 만약 숙박하는 기간이 4박 이상으로 길어지면 남북보다 동서가 길기 때문에 이동 시간을 고려하여 동서를 나누어 숙소를 2군데 정도 잡으면 좋다.

숙박은 어디가 좋을까?

누구와 가는지, 며칠을 가는지, 여행의 콘셉트는 어떤지에 따라 숙박지가 달라진다. 제주도에는 하루 30만 원이 넘는 관광호텔에서부터 1박에 2만 원도 되지 않는 저렴한 게스트하우스까지 다양한 숙소가 있다. 관광호텔의 경우에는 정보를 찾기도 수월하고, 이미 많은 사람들이 블로그 등을 통해 숙박체험기를 올리고 있기 때문에, 이 책에서는 비교적 합리적인 가격으로 아이들을 데리고 묵기에 편한 장소들을 소개하고자 한다.

휴양림 숙소

'가격 대비 특별한 숙소'를 원하는 분들에게는 휴양림에 위치한 숙소나 새마을금고 연수원을 추천한다. 휴양림 안에 있는 숙소이다 보니 삼림욕도 할 수 있고 가격대도 저렴해서 휴양림 숙소는 성수기에 언제나 만원이다. 따라서 미리 예약하는 센스가 필요하다. 새마을금고 연수원은 적어도 100일 전에는 예약을 해야 한다.

절물자연휴양림

절물자연휴양림은 제주시에서 가까운 봉개동에 위치해 있다. 인근에 4.3평화공원, 어린이교통공원, 노루생태관찰원 등이 있어 가족끼리 둘러보기에 좋다. 반기문 유엔사무총장이 다녀가서 붙여진 '반기문길'도 있다. 성수기 주말 4인 가족 기준, 1실 대여료 58,000원.

064-721-7421, http://jeolmul.jejusi.go.kr/

서귀포 자연휴양림

제주시에서 서귀포시로 넘어가는 1100도로 상에 위치하여 고도가 높고 조용한 편이다. 공항에서 어리목, 영실을 거쳐서 가게 되는데 어리목에 있는 한라산탐방안내소는 작은 박물관처럼 꾸며져 있어 산책 삼아 찾을 만하다. 휴양림 중에서는 고도가 높은 편이어서 여름이라도 기온이 쌀쌀한 편이다. 성수기 주말 4인 가족 기준, 1실 대여료는 57,000원부터이다.

064-738-4544, http://huyang.seogwipo.go.kr/

교래 자연휴양림

교래 자연휴양림의 장점은 제주의 원시림인 곶자왈 입구에 위치해 있다는 점, 그리고 근처에 돌문화공원, 교래리 식당가 등이 있다는 점이다. 초가 형태의 숙박시설이 특이한 편이나 숙박요금이 여타 휴양림에 비해서 조금 비싼 편이다. 성수기 6명 기준 1실 대여료 74,000원부터.

064-783-7482, http://www.jejustoneparkforest.com/

붉은오름 자연휴양림(가시리)
교래리에서 수망리로 넘어가는 도로상에 위치한 자연휴양림으로 여타 휴양림에 비해 잘 알려지지 않은 곳이다. 성수기 주말 4인 가족 기준, 1실 대여료 58,000원.
064 – 782 – 9171, http://redorum.seogwipo.go.kr

제주 새마을금고 연수원
제주시에서 중문으로 넘어가는 평화로 상에 위치하며 공항과 차로 15분 정도 걸릴 정도로 가깝다. 중산간에 위치해 있지만 맞은편에 아이들이 좋아하는 경마공원(주말에 가는 것이 좋다), 바로 옆에는 테지움, 근처에는 유수암 휴양마을이 있다. 시설이 깨끗하기로 유명한데, 새마을금고 회원(보험가입자)만 이용이 가능하다.
064 – 798 – 5000, http://mgti.kfcc.co.kr

마을 숙박
요즘 제주도를 찾는 사람들 사이에서 마을 숙박이 뜨고 있다. 제주 시골마을의 정취를 제대로 느낄 수 있고 가격도 저렴하다 보니 인기이다. 시골마을에 머무르기 때문에 인적이 드물고 편의시설을 이용하기에 다소 불편한 부분도 있겠지만 이러한 콘셉트의 숙소를 일부러 찾는 분들도 요즘 많이 늘고 있으니 한 번 이용해봐도 좋을 듯하다.

제주자연생태문화체험골
아담한 시골 폐교를 재활용한 곳이라 옛 기억을 떠올리기에 좋은 곳이다. 운동장에는 잔디가 깔려 있고 황소가 한가로이 풀을 뜯고 있다. 침대방과 온돌방이 있고 샤워시설과 별도의 주방 등이 완비되어 있어서 올레꾼들이 많이 찾는다. 농촌마을에서 맞이하게 되는 아침은 어떠할지. 새벽에 우는 닭소리를 듣고 있자면, 정말 시골마을에 머무르고 있구나 싶은 생각이 든다. 1박 1인 기준 15,000원.
서귀포시 대정읍 무릉리 581 – 1번지 (올레 11코스 종점)

가시리 게르게스트하우스

몽골 게르게스트하우스는 생각보다 크기가 큰 편이다. 중산간 가시리 마을의 바람소리를 따뜻한 몽골천막 안의 침대에서 듣게 되면 어떨까? 숙소 바로 옆 동에는 마을 주민이 정성스럽게 만든 밥도 먹을 수 있다. 워낙에 자연경관이 좋아 밥이 맛있는지, 동네 아주머니의 솜씨가 좋아서 그런지는 알 수 없지만 가시리는 돼지고기가 맛있기로도 유명하다. 게르게스트하우스 근처의 고깃집에도 꼭 들러보시기를 추천한다. 가시리 게르게스트하우스 이용자는 조랑말 박물관에 무료로 입장할 수 있다. 성수기 4인 기준 10만 원. 대한민국 최초의 '리립' 박물관인 조랑말 체험공원 내에 위치한다.

070 – 4145 – 3456, http://www.jejuhorsepark.com

펜션 및 게스트하우스

레이지박스 하우스

서남쪽 권역 안덕면 사계리에 위치한 펜션. 원래는 게스트하우스였는데, 얼마 전 독채로 바뀌었다. 마을 안쪽에 위치해 있지만 편하게 쉬기에 좋다. 근처에 있는 용머리해안과 산방산, 송악산의 풍경도 너무 아름답다. 투숙객에게는 산방산 아래에 위치한 레이지박스 카페의 맛있는 커피가 무료로 제공된다. 대문 안쪽에서 마당으로 들어가는 길이 특히나 아름답다. 거실, 침실 2개, 서재, 드레스룸, 주방, 욕실 2개를 갖춘 독채의 이용료는 성수기 4인 가족 기준 25만 원.

070 – 8900 – 1254

가름게스트하우스

서귀포시 법환동에 위치한 게스트하우스. 올레 7코스에 있고 숙소 바로 앞으로는 범섬이 보인다. 올레꾼들 사이에서 유명한 숙소인데 도미토리도 있지만 2인실, 4인실 온돌방도 있다. 숙소 바로 앞에는 잔디마당과 고기를 구워 먹을 수 있는 멋진 공간이 준비되어 있는데, 장소가 좋아서 그런지 고기 맛이 기가 막힌다. 게스트하우스이지만 펜션 분위기가 나는 곳이다. 1인 2만 원, 2인실 6만 원.

064 – 739 – 4499, http://www.galeum.com

이올락

제주시 조천읍 북촌에 위치한 제주생태관광 직영 숙소. 도미토리형 게스트하우스와 대가족이나 여러 가족 단위의 여행에 적합한 펜션동이 고르게 있으며 조용한 숲 속의 정취가 장점이다. 근처에는 북촌돌하르방공원, 선흘 동백동산, 거문오름, 함덕 해수욕장이 있다. 펜션은 15인 기준 35만 원, 게스트하우스는 1인 기준 2만 원.
064 – 784 – 4256

기타 숙소

중문단지에 위치한 호텔 숙박비는 매우 고가이지만 종종 소셜커머스 사이트를 통해 저렴하게 숙박 패키지가 판매되는 경우도 있어서 제주 여행을 계획한다면 꾸준히 체크를 해보는 것이 좋다. 비싼 숙소에서 묵을 계획이 아니라 올레길에서 가볍게 여행을 하고 싶다면 제주올레 게시판에 올려진 숙소 관련 소개글을 참고하면 좋다.

교통 편은 어떤 것이 좋을까?

요즘에는 제주 버스여행에 관한 책들이 나올 정도로 대중교통을 활용한 제주 여행이 인기다. 다만 대중교통이 여전히 불편한 곳은 택시를 이용하거나 한참을 걸어야 한다.

대중교통

제주 시내 관광을 위한 대중교통 편으로 '관광시티투어'를 추천한다. 터미널, 공항, 제주항 등을 경유하는 시티투어 버스는 어느 도시를 가게 되든 제일 먼저 가게 되는 관광지인 재래시장, 유적지, 박물관, 시내 공원 등을 경유한다. 성인 5천 원, 초·중·고등학생 3천 원인 티켓을 구매하면 몇 번이건 버스를 탈 수 있다. 하루 4회 2시간 기준으로 운행된다. 시내의 관광지와 시장뿐 아니라 멀리 휴양림, 숲길까지 운행 코스에 포함된 것이 장점이다.

용두암, 서문시장, 관덕정, 동문시장, 국립제주박물관, 돌문화공원, 노루생태관찰원, 절물자연휴양림, 사려니숲길, 한라생태숲길을 경유하는데, 하루 관광코스로 훌륭하다. 참고로 경유지 중 한 곳인 서문시장은 요즘 식육점에서 소고기를 가져다 식당에서 구워 먹는 시스템이 적용되어 인기를 끌고 있고, 동문시장에서는 주로 회를 먹거나 쇼핑을 한다.

렌터카
대중교통과 병행한 렌터카 여행은 어떨까? 쏘카(http://www.socar.kr/)를 통하면 전국의 대도시에서 차를 빌릴 수 있는데 출발이 제주에서부터라는 것을 모르는 분들이 많다. 제주공항에서뿐만 아니라 제주시와 서귀포시의 주요 거점에서 언제든 시간 단위로 차를 빌릴 수 있는데, 홈페이지를 통해 회원가입만 되어 있으면 빌리고 반납하는 것이 편하고 경제적이다. 특히, 여름 성수기에 제주공항 1번 게이트 앞에서 별도의 수속이 필요 없이 차를 빌릴 수 있다.

아이들과 함께 가기 좋은 권역별 핫 플레이스 추천!
아이들과 함께 하는 여행은 이동시간을 최대한 줄여서 여유롭게 일정을 잡는 것이 좋다. 권역을 크게 제주시, 서귀포시, 제주 동부, 제주 서부로 잡는다면 동부에서 서부로 이동하는 거리는 최소화하거나 숙소를 옮길 때 활용하는 편이 좋다.

동부권역
제주 조랑말박물관
제주에서 난립하는 테마파크, 박물관과는 차별화된 곳이다. 승마체험, 게르 숙소, 조랑말 아트샵, 박물관, 전망대, 텃밭, 캠핑장, 카페까지 없는 것이 없는 체험장이다. 정석 항공관에서 내려가는 길에는 봄에는 유채, 가을에는 코스모스가 피어서 너무나 아름답다. 박물관 옥상에서 바라보는 360도 경관은 제주에서 손에 꼽힌다. 4살 뽀뇨가 처음으로 말을 타본 곳인데 직원이 직접 말을 끌어주어서 걱정 없이 탈 수 있었다. 가시리에는 맛

이 좋은 고깃집이 많다. 성인기준 입장료 2천 원. 말 타기 체험은 1만 원으로 저렴한 편이다.

http://www.jejuhorsepark.com

비자림과 만장굴

비자림은 수령이 500~800년인 오래된 비자나무 2,800여 그루가 하늘을 가리고 있는 매우 독특한 숲으로 제주도에서 처음 생긴 삼림욕장이며, 단일수종의 숲으로는 세계 최대 규모를 자랑하고 있는 숲이다. 비자나무는 겨울에도 잎이 떨어지지 않아 사계절 내내 푸른 잎을 볼 수 있으며 비자나무 이외에도 제주의 다양한 식생들을 한눈에 볼 수 있다. 40여 분 걸리는 산책로의 경우 매우 평탄한 평지이기 때문에 어린아이들도 힘이 들지 않고 산책할 수 있으며 유모차나 휠체어로도 쉽게 접근할 수 있다.

만장굴은 제주도 최대의 용암 동굴이며 세계적으로도 매우 큰 축에 속하는 동굴이다. 한여름에도 추운 기운이 느껴지기 때문에 동굴을 처음 가보는 어린 아이들의 호기심을 자극할 수 있는 곳이다. 매표소에서 생태해설사의 해설을 요청하면, 생태해설사가 동굴 곳곳을 함께 다니며, 풍부하고 재미있는 설명을 곁들여준다.

- 비자림 입장료는 성인 1,500원, 어린이 800원.
- 만장굴 입장료는 성인 2,000원, 어린이 1,000원.

조개 캐기 체험

제주에서도 서해의 갯벌에서처럼 조개를 캘 수 있다. 조개를 캐기 위해 가장 많이 가는 곳은 성산이며, 종달리, 곽지 등도 많이 가는 곳이다. 바닷물이 빠지는 시간을 미리 검색해보고 가야 기다리는 수고를 덜 수 있다. 마땅히 씻을 곳이 없기 때문에 체험하러 가기 전에 아이들 여벌 옷들과 씻을 물 대용으로 쓸 물을 가져가는 것이 좋다. 조개는 갈고리를 구매하여 가면 쉽게 캘 수 있고, 그냥 손으로 헤집어도 큰 무리는 없다.

- 물 빠지는 시간을 알 수 있는 사이트 http://www.badatime.com/67.html

아쿠아플라넷 제주

한화에서 운영하는 해양박물관이자 공연장. 대형수족관이 볼 만하고 대형수족관에서는 해녀공연도 이어진다. 별도의 공연장에선 동물들의 묘기가 펼쳐진다. 수생물도 수생물이지만 경관이 너무나 아름다운 지역이다. 요금은 꽤 비싼 편이다. 일반 38,400원. 중·고등학생 36,800원 어린이 34,900원.(제주도민은 30% 할인).

서귀포시 성산읍 고성리 127-1, 064-780-0900

서부권역

산방산 용머리해안 & 송악산 트래킹

기후 변화로 인해 점점 물에 잠겨가고 있는 용머리해안을 둘러볼 수 있다. 그러나 날씨에 따라 들어갈 수 있는 시간이 조금씩 다른 데다가 파도가 높으면 입장이 안 된다. 관리사무소(064-794-2940)에 문의를 하여 입장 가능 여부를 확인 후 시간이 맞지 않는다면 송악산 트래킹을 먼저 하는 것이 좋다. 송악산 정상까지 올라간 후 반대편으로 돌아서 내려오는데 1시간이면 충분하다. 날씨가 맑은 날에는 한라산, 마라도는 물론이고 멀리 문섬 앞까지 보인다. 풍경이 너무나 아름다워서 송악산에서는 올 때마다 뽀뇨를 생각하게 되는데, 정상까지 아이와 함께 갈 경우에는 미끄러지지 않게 조심해야 한다. 반드시 운동화를 신고 가기를 권한다. 초등학생 저학년이나 유아의 경우에는 정상에 올라가는 것보다는 산 주위를 크게 한 바퀴 도는 것이 더 좋다.

바다가 보이는 놀이터 & 카페

해질녘 바다가 보이는 놀이터에서 마음껏 뛰어놀 수 있다면 아이는 행복할 것이다. 거기에 바다 바로 앞에 멋진 카페까지 있다면 부모까지 행복할 듯하다. 애월 곽지해수욕장 입구에 있는 작은 놀이터와 피시앤칩스로 유명한 카페 태희가 바로 그런 곳이다. 또한 제주시 용담해안도로 닐모리동동 카페 앞의 놀이터도 규모가 큰 편이다. 한경면 판포리의 해거름전망대 역시 바다 경관이 아름다운 카페와 놀이터를 함께 가지고 있다. 아이가 바닷가 놀이터에서 마음껏 뛰어놀게 하기 위해서는 반드시 긴팔 옷이 필요하다. 특히 날이 저물기 시작하면 감기 걸리기 쉽다.

무릉외갓집 체험
연간회원을 대상으로 1년에 2회 체험행사가 열린다. 5월 중순, 11월 중순에 봄감자 캐기 체험과 감귤 따기 체험이 각각 열린다. 체험행사에는 무릉곶자왈 생태체험과 과일 모찌 만들기 체험, 쉰다리 & 누룩 만들기 등 다양한 행사가 있다. 5월 행사 때는 곶자왈에서 상동나무 열매(머루와 맛과 모양이 비슷함)를 따먹을 수 있는 기회가 주어진다.
서귀포시 대정읍 무릉리 635 – 9, 010 – 6747 – 7966

주말 곶자왈 숲길 여행
매주 토요일과 일요일에 서귀포시 대정읍 신평리 일원 제주곶자왈 도립공원 탐방로의 약 4km 구간에서는 '가족과 함께 하는 주말 곶자왈 숲길여행' 프로그램이 운영된다. 운영기간 동안 하루 2회(오전 10시와 오후 2시) 생태해설사의 곶자왈 생태해설을 진행해 탐방객에게 곶자왈의 생태적 특성과 자원가치를 배울 수 있는 기회를 제공한다.
http://www.jejutrust.net/

제주시 권역

제주고등학교 동물원
동물원이 없는 제주에서 동물들을 쉽게 볼 수 있는 곳이다. 특성화고등학교인 제주고등학교에서는 학교에서 운영하는 동물원이 있다. 무료 입장이며, 오전 10시~오후 5시 사이에 가면 언제든지 볼 수 있다.
http://www.jejugo.hs.kr/home/home.jsp

제주시 민속오일장
제주시의 오일장은 그 크기만큼이나 다양한 물건들을 한자리에서 볼 수 있는 곳이다. 일반 마트에 길들여져 있는 아이들에게 오일장의 시끌벅적한 분위기는 색다른 매력을 선사한다. 매우 저렴한 가격에 즉석에서 만든 도넛을 먹을 수도 있고, 할머니들이 직접 우영밭(제주어로 텃밭)에서 재배해 가져온 싱싱한 농산물들을 '득템'하는 효과도 있다.

제주시 인근 오름들

시내에서 항공편을 기다리며 금방 다녀올 수 있는 오름들 중에는 한라수목원의 광이오름, 해안도로 입구의 도두봉, 제주항 근처의 사라봉과 별도봉이 있다. 아이들이 오르기도 편하고 제주시내 경관을 한눈에 볼 수 있는 장점이 있다.

광이오름은 수목원 구경을 하며 덤으로 오를 수 있는 곳이고 해안도로 입구의 도두봉은 공항 활주로가 한눈에 들어오는 특이한 곳이다. 도두봉은 올레길 17코스 개장식 때 걸어본 적이 있는데 공항 근처이고 경관이 좋다 보니 관광객들이 제법 찾는 곳이라고 한다. 제주항 인근의 사라봉과 별도봉은 가을철 갈대가 아름다운 곳으로 동문시장을 구경하다가 들르기에 좋다. 뽀뇨와 이곳을 모두 올라봤는데 어렵지 않게 둘 다 오를 수 있었다. 제주항과 제주 시내가 한눈에 내려다보인다. 낙조가 아름다운 곳이라고 하니 해질 무렵에 올라봐도 좋을 듯하다.

과학탐구체험관

제주 교육과학연구원에서 운영하는 '과학탐구체험관'은 또 하나의 멋진 곳. 간단한 과학의 원리들을 아이들이 쉽게 이해할 수 있도록 많은 도구들이 갖추어져 있다. 과학탐구관 이외에 유아들을 위한 실내 놀이터까지 갖추어져 있는데 웬만한 키즈카페보다 낫다. 입장료 무료, 상설 체험관으로 월요일엔 쉰다.

http://www.cisec.or.kr/home/home.jsp

국립제주박물관의 '토요 박물관 산책'

국립제주박물관에서는 격주 토요일마다 제주도민과 관광객들을 위한 프로그램을 운영하고 있다. 매주 토요일 저녁 강연, 음악회, 뮤지컬, 마임 등 다채로운 문화 공연이 이루어지고 있다. 인터넷 서점 yes24에서 예매수수료 1천 원을 내고 예약을 하면 무료로 공연을 볼 수 있고, 사전 예약을 하지 못한 경우, 공연 시작 5분 전까지 가면 입석으로 볼 수 있다.

http://jeju.museum.go.kr/kr/contents/main.php

문예회관 대극장, 소극장, 전시실
제주 문예회관에서는 많은 문화 공연들을 무료 또는 매우 저렴한 가격으로 즐길 수 있다. 지역에서 보기 힘든 공연들로부터 동호회의 작품 발표회까지 공연장과 전시실이 1년 내내 시끌벅적하다. 아무런 기대 없이 갔다가 멋진 공연을 보고 올 수 있는 문예회관에 아이들과 함께 깜짝 방문을 해보는 것도 좋을 것이다.
http://www.jejuculture.or.kr/

사려니숲길
제주의 숲길은 예전부터 치유의 길로 명성이 높았는데, 특히 사려니숲길은 그중 으뜸이다. 숲길이지만 평탄한 길이 많고, 제주 특유의 화산 분출물인 송이가 깔려 있어, 아이들이 매우 좋아하는 길이다. 숲길이기 때문에 한여름에도 나무 그늘이 시원하다. 여름에 뜨거운 태양을 피하고 싶다면, 제주의 사려니숲길을 강력히 추천한다.

제주 영화문화예술센터
제주 영화문화예술센터에서는 하루에 두 차례씩 무료로 영화를 상영하고 있다. 오전에는 어린이집 단체 관람이 많아 어린이 영화 위주로 상영되며, 오후에는 성인들을 대상으로 하는 영화들이 주로 상영된다. 최신 영화부터 고전 영화까지 다채로운 영화들이 매번 새롭게 바뀌어 상영되고 있어 영화를 좋아하는 분들에게는 딱인 곳이다. 상영 시간표는 블로그를 참조하면 된다.
http://blog.naver.com/jmoviecenter/

제주 별빛누리공원
제주에서는 천체를 자유롭게 볼 수 있는 별빛누리공원이 있다. 이곳에서는 주관측실과 보조관측실에 마련된 천체망원경 7대를 통해 천체들을 관측할 수 있어 아이들이 우주에 대한 꿈과 상상을 마음껏 펼칠 수 있는 곳이다. 운영시간은 오후 3시부터 11시. 입장료는 어른 5천 원, 어린이 2천 원.
http://star.jejusi.go.kr/

자파리연구소의 공연

영화 〈지슬〉을 만든 오멸 감독과 출연진들은 원래 아동창작극으로 유명하다. 자파리연구소의 '오돌또기', '섬이야기' 등의 연극은 제주도의 아름다운 자연과 서정을 잘 담고 있으며 가족 누구나 재미있게 볼 수 있다. 제주시 아라동에 있는 간드락소극장에서 창작극이 열리게 되는데 뽀뇨의 돌잔치를 바로 이곳에서 했다. 연극 공연과 관련된 일정은 자파리 극단 트위터나 페이스북을 통해 문의하면 된다.

트위터 @jeju_japari, 페이스북 jeju japari

민속자연사 박물관의 자연유산 생태교실

민속자연사 박물관에서는 매월 둘째주, 넷째주 토요일에 '자연유산 생태교실'과 '박물관 창의 마당' 프로그램을 운영한다. 대상은 초등학생 및 학부모이며 자연 생태 탐방이 주된 프로그램이다. 참가비는 무료.

http://museum.jeju.go.kr/new/main.jsp

한라생태숲 및 절물자연휴양림 주말 숲 체험 프로그램

한라생태숲에서는 매달 둘째, 넷째 토요일에 숲 체험 프로그램을 진행한다. 숲 해설가 선생님과 함께 숲을 둘러보며, 숲을 느끼고 표현해보며, 나뭇잎을 이용해 만들기를 하는 시간이 있다. 대상은 초등학생. 참가비는 무료. 절물자연휴양림도 숲 체험 프로그램을 운영하고 있는데, 평일 오전 10시, 오후 2시 사전 예약에 의해 운영한다. 숲 해설, 목공체험, 숲길 명상 체험 등이 이루어지며 참가비는 무료이다. 목공예 체험의 경우 재료비 2,000원을 내야 하며, 체험 인원이 5인 이하인 경우에는 취소될 수 있다.

- 한라생태숲 http://hallaecoforest.jeju.go.kr/
- 절물자연휴양림 http://jeolmul.jejusi.go.kr/

노루 생태관찰원

『아기 사슴 밤비』를 읽으며 사슴과의 동물들에게 관심이 많은 유아들이 방문하기 좋은

곳. 거친 오름을 한 바퀴 돌면서 노루를 직접 관찰할 수 있다. 노루에게 먹이를 주는 시간인 오전 9시와 오후 3시 30분경에 방문하면 노루를 많이 관찰할 수 있다. 입장료는 성인 1,000원, 아동 600원이며, 연중무휴로 운영된다.

http://roedeer.jejusi.go.kr/

치즈, 피자, 아이스크림 만들기 체험

제주 축협 복합문화센터에서 치즈 및 피자 만들기, 아이스크림 만들기 체험 과정을 운영한다. 오전 10시와 오후 2시에 걸쳐 하루에 두 번 진행하며, 사전 예약은 필수다. 소요시간은 2시간 정도이며, 참가비는 1인당 15,000원이다. 치즈 스트링 체험, 피자 만들기, 아이스크림 만들기를 체험해볼 수 있다. 만든 음식은 그 자리에서 먹고 남은 것은 포장해서 가지고 갈 수 있다.

http://www.samdahallamilk.com/index.php

아침미소 농원목장 체험

행복한 젖소와 수제치즈, 요구르트를 만날 수 있는 공간. 친환경 낙농인증을 받은 목장으로 수제 요구르트가 전국 유명 빵집에서 한정판매되고 있다. 목장에서는 목장견학, 아이스크림 만들기, 치즈체험 등이 가능하다. 예약제로 운영하기 때문에 미리 전화로 연락하여 일정을 잡아야 한다. 주중에는 매일 오전 10시와 오후 2시에 체험을 진행한다. 전체 체험 1인 기준 22,000원.
제주시 월평동 157, 064-727-2545

서귀포 권역
서귀포의 폭포들

유명 관광지로 누구나 한 번 가보았을 곳이긴 하지만 여러 폭포들을 찾아다니는 재미도 있다. 천지연 폭포는 입구로 걸어 들어가는 숲길과 넓은 폭포수, 걷다가 오리와 게를 만날 수 있는 깨알 같은 재미가 있다. 뽀뇨가 특히 좋아하는 곳인데 폭포수가 크다 보니 시원한 맛이 좋고 새연교와 이어져 있어서 여러 가지 묘미를 느낄 수 있다.
천제연 폭포는 협곡을 건너는 엄청나게 높은 다리와 입구까지 이어지는 좁은 길, 두 개의 폭포가 인상적인데 이곳에서 감상하는 한라산이 장관이다. 천지연에 비해 많이 찾지 않는 폭포지만 특색이 다르기에 여름에는 꼭 한 번 찾아가볼 것을 권한다.
TV에 방영되어 유명세를 탄 엉또폭포는 비가 오는 날, 물줄기를 볼 수 있다. 서귀포 시내권의 정방폭포와 소정방폭포는 가느다란 폭포도 아름답지만 바로 앞의 바닷가 경관도 볼 만하다.

주상절리
바다가 지겹다면, 주상절리 구경은 어떨까? 제주의 주상절리는 유네스코 세계 지질 공원에 등재되어 있을 정도로 살아 있는 지질 공부를 할 수 있는 곳이다. 키가 큰 야자나무들이 가득한 산책로가 넓어 아이들이 뛰어다닐 수도 있다. 입장료는 관광객은 성인 2천 원, 어린이 1천 원, 제주도민은 무료다.

감귤 박물관의 감귤을 이용한 먹거리 및 생활용품 만들기
서귀포에 위치한 감귤 박물관에서는 월 1회 가족단위 관광객 및 도민을 대상으로 감귤을 이용한 다양한 음식들 또는 생활용품을 만들어보는 체험을 진행한다. 가족 4명이 1팀을 구성해 참여할 수 있으며 감귤을 이용해 찐빵, 감귤 생크림 및 케이크, 감귤잼 등의 먹거리와 감귤 아로마 향초 및 감귤 방향제 등의 생활용품도 만들어볼 수 있으며 직접 만든 음식과 물건들은 가져갈 수 있다. 체험료는 1팀당 1만 원 정도다.
http://www.citrusmuseum.com/

성읍 민속마을에서 제주 전통음식체험
서귀포시 성읍 민속마을을 찾으면 밥에 누룩을 넣어 발효시킨 저농도 알코올 음료인 '쉰다리' 등 제주의 전통음식을 맛볼 수 있다. 음식은 마을에서 선정한 전통음식 장인들이 직접 나와 만들며, 화·목·토요일은 쉰다리·상외떡·돌래떡 등을, 수·금·일요일은 빙떡·오메기떡·골감주 등을 각각 선보인다. 누구든지 무료로 음식을 맛보고 직접 만들어볼 수도 있다.

중산간 권역
제주시 경마공원
어른들이 많이 찾는 공간이지만 아이들이 마음껏 뛰어놀기에 좋은 곳이 바로 경마공원이다. 말을 테마로 한 놀이터 및 모험랜드, 대형 덤블링 공간인 매직포니랜드, 자전거를 탈 수 있는 트랙, 실제 말이 끄는 마차와 조랑말 타기 등 다양한 놀이시설이 있다. 주말에 1인당 1천 원의 입장료만 내면 모든 것을 탈 수 있다.
http://park.kra.co.kr/enterprise/index_jeju.jsp

단기 여행 코스별 일정

2박 3일 코스

1개 권역과 시내관광&드라이브가 어우러진 여행

보통 제주도에 짧게 머무르는 경우에는 금요일 아침에 와서 일요일 저녁에 떠나는 일정이 대부분이다. 그리고 이 경우 실제로 제대로 여행할 수 있는 시간은 2일차 단 하루뿐이다. 따라서 동선을 최대한 줄여서 운전시간을 최소화하는 것이 관건이다. 제주시 권역에 숙소를 잡거나, 서귀포시에 숙소를 잡았을 경우는 숙소 인근에서 여행을 즐기는 것이 좋다.

1일차: 제주시 인근
공항 – 숙소에 짐풀기 – 고기국수(국수거리) – 제주마방목지 – 사려니숲길(드라이브만) – 돌문화공원 – 교래리 맛집(들깨아구탕, 닭칼국수) – 숙소

2일차: 제주 서남부지역
숙소&조식 – 애월 해안도로 – 금능해수욕장&한림공원 – 돌하르방 피자 – 현대미술관 – 오설록 – 무릉외갓집 전시판매장 & 카페 – 모슬포 맛집(우럭조림, 회, 밀면, 수육)&산방산, 송악산 – 평화로 – 숙소

3일차: 제주시 인근
숙소&조식 – 국립제주박물관 – 사라봉&별도봉 – 동문시장 식사(회, 주전부리)&쇼핑 – 용두암&해안도로 – 공항

3박 4일 코스

🍽 2개 권역과 드라이브, 하루의 관광이 어우러진 여행

위의 2박 3일 코스에 3일차 코스를 추가하면 된다. 코스에 있는 여행지 중에 중점적으로 가야 할 곳과 스쳐가도 좋을 곳을 정하고 움직이는 것이 좋다. 예를 들면 아래에 제안한 코스 중에서 함덕해수욕장의 경우에는 간단히 드라이브만 한다든지 바람만 쐰다든지 하면 좋다. 아래 코스에서 제일 핵심은 오전에 방문하는 만장굴과 비자림, 오후에 방문하는 성산 지역이다. 성산 지역 방문 대신 비자림에서 제주시 권역으로 올라와 노루생태관찰원이나 4.3공원 방면으로 방향을 바꿔도 좋다.

1일차: 제주시 인근
공항 – 숙소에 짐풀기 – 고기 국수(국수거리) – 제주마방목지 – 사려니숲길(드라이브만) – 돌문화공원 – 교래리 맛집(들깨아구탕, 닭칼국수) – 숙소

2일차: 제주 서남부지역
숙소&조식 – 애월 해안도로 – 금능해수욕장&한림공원 – 돌하르방 피자 – 현대미술관 – 오설록 – 무릉외갓집 카페 – 모슬포 맛집(우럭조림, 회, 밀면, 수육)&산방산, 송악산 – 평화로 – 숙소

3일차: 제주 동부지역
숙소&조식 – 함덕해수욕장 – 만장굴&비자림 – 시흥 해녀의집 전복죽 – 성산 일출봉&섭지코지 – 송당 방면 도로 – 제주시내 맛집 – 숙소

4박 5일 코스

숙소를 두 군데 잡고, 4개 권역을 모두 둘러보는 여행

제주에서 4박 이상 머무를 경우에는 숙소를 두 군데 잡는 것이 효율적이다. 위의 3박 4일 코스에 서귀포 1박과 시내관광을 넣으면 좋다. 숙소를 두 곳으로 정하게 되면 숙소로 다시 돌아갈 때의 시간을 줄일 수 있고 새로운 여행지를 여유롭게 둘러볼 수 있는 장점이 있다.

4박 5일 코스에서 제안하고 있는 서귀포와 중문 코스는 고전적인 제주 여행 코스이기는 하지만, 세연교와 이중섭거리처럼 최근에 다양하게 변화하는 곳들이 포함되어 있기 때문에 일정을 잡는 것이 좋다. 중문 코스가 마음에 들지 않는다면 안덕면의 대평리나 산방산 쪽을 가는 것도 좋다. 또한 4일차 이상의 제주도를 관광하는 경우, 제주시 오일장을 방문하는 것을 추천한다. 1시간 이상 둘러봐야 할 만큼 다양한 구경거리와 먹을 거리가 많다.

1일차: 제주시 인근
공항 – 숙소에 짐풀기 – 고기국수(국수거리) – 제주마방목지 – 사려니숲길(드라이브만) – 돌문화공원 – 교래리 맛집(들깨아구탕, 닭칼국수) – 숙소

2일차: 제주 서남부지역
숙소&조식 – 애월 해안도로 – 금능해수욕장&한림공원 – 돌하르방 피자 – 현대미술관 – 오설록 – 무릉외갓집 카페 – 모슬포 맛집(우럭조림, 회, 밀면, 수육)&산방산, 송악산 – 평화로 – 숙소

3일차: 제주 동부지역
숙소&조식 – 함덕 해수욕장 – 만장굴&비자림 – 시흥 해녀의집 전복죽 – 성산 일출봉&섭지코지 – 송당 방면 도로 – 제주시내 맛집 – 숙소

4일차 : 서귀포시 시내권역

서귀포 시내 숙소&조식 – 천지연폭포&세연교 – 이중섭거리 – 서귀포 시내 맛집 – 여미지식물원&관광단지 구경&중문색달해변 – 서귀포 시내 맛집 – 숙소

2. 중기 여행 가이드

제주도에는 장기간 체류를 할수록 즐길 수 있는 것들이 많다. 체류의 목적이 무엇이냐에 따라 숙소도 달라질 텐데 무엇보다 중요한 것은 본인이나 가족이 편안함을 느끼는 공간이어야 한다는 점이다.

시내 숙소
메르헨하우스

중장기 여행을 할 경우, 제주시 도심에 한 달 정도 방을 빌리는 경우를 많이 보게 된다. 추천할 만한 숙소로는 메르헨하우스가 있다. 좁은 공간이지만 빌트인 설비를 갖추고 있어서 중장기 여행객들이 많이 이용한다. 제주도의 집들은 대개 '연세 계약'을 하기 때문에 한 달만 머무를 방을 찾기가 쉽지 않다. 집을 얻기 전 한 달 동안 메르헨하우스에서 살아본 적이 있는데 신제주 도심 지역에 있다 보니 생활이 편리하긴 했지만, 방이 좁고 소음이 있어 생활을 하며 지내기에는 불편했다. 전체 평수는 10평 정도 되며, 한 달 임대료는 38만 원(부동산 소개비, 청소비 별도). 064-744-8333

캠핑장

장기캠핑은 아이들이 있다면 별로 권하고 싶지 않지만 제주도도 최근 캠핑 열기가 최고조에 올랐기에 몸만 가도 되는 캠핑장을 하루 이틀 정도 이용해보는 것이 좋을 듯하다.

이호테우 해변의 솔밭 캠핑장

제주 사람들이 자주 찾는 캠핑장인 이호테우 해변의 솔밭 캠핑장(제주시 이호1동)은 시내에서 가깝고 물놀이와 야영, 보말잡기 등이 가능하다. 전용캠핑장이 아니다 보니 설거지를 할 공간이나 샤워시설 등 기반시설이 부족한 것이 흠이다. 평일에는 북쪽 캠핑장에 여유 공간이 있지만 여름철 주말에는 늘 만원을 이루고 있다. 최근에는 마을청년회에서 여름 성수기에 임대용 캠핑시설(2인 기준 4만 원)을 운영하고 있다.

관음사 캠핑장

그늘이 좋고 취사장과 샤워실이 개방되어 있어서 지역민들이 많이 찾는 편이다. 한여름, 산 속의 시원한 캠핑을 원하는 분들에게 좋은 공간으로 이호테우 해변의 솔밭 캠핑장과 같이 무료로 대여된다. 단, 주차비는 별도 부담이다.

제주시 오등동 180-3.

3. 장기 여행 가이드

보통 제주도 장기 여행이라고 하면 2달 이상 체류하게 되는 경우보다는, 1년 정도 체류하는 경우를 더 많이 볼 수 있다. 제주도의 집 계약은 보통 '연세' 개념으로 이루어지기 때문에 이사 기간인 신구간부터 제주도를 방문해 머무를 계획이라면 이 기간에 얼마든지 원하는 방을 구할 수 있다. 제주도에 오랜 기간 동안 머무르며 여행을 할 때의 장점은 제주의 사시사철을 모두 겪어볼 수 있다는 것이다. 글을 쓰거나 예술활동을 하는 많은 사람들이 제주에서 체류하고 있다.

 계절별/시기별 체험 코스

 봄

봄꽃 구경

제주도 봄꽃은 유채도 유명하지만 벚꽃도 아름답다. 유채꽃은 일찍부터 피어서 어떤 곳은 2월 정도부터도 볼 수 있다. 유채꽃이 만개하는 시기는 4월 중순으로 이때는 유채꽃 축제가 열린다. 어디를 가나 볼 수 있는 꽃이 유채이지만 특히, 성산, 산방산 옆 등 관광지 일대에 많이 심어져 있다.

유채가 관광지의 꽃이라면 벚꽃은 시내 가로수에 어울리는 꽃이다. 유채보다는 활짝 피는 시기가 짧고 빠른 편인데 보통 4월 초순에 왕벚꽃 축제가 열린다. 벚꽃길이 아름다운 곳은 제주시 전농로, 제주대학교 입구로 벚꽃이 눈처럼 날리는 것을 볼 수 있다. 서귀포 지역은 제주시보다 조금 일찍 만개하는 편이다.

곶자왈 걷기

5월 중순 즈음 곶자왈에는 상동열매가 열린다. 곶자왈을 걷다 보면 작고 까만 열매를 만나게 되는데 먹어 보면 약간 새콤달콤한 것이 맛이 좋다. 상동이 맛이 좋다 보니 아이들도 곶자왈 걷는데 힘든 줄 모른다. 다만 곶자왈은 원시림에 가까우므로 올레길 등 반드시 지정된 코스로 다니는 것이 안전하다. 상동을 자주 볼 수 있는 곶자왈은 올레 11코스에 있는 무릉곶자왈이다.

고사리 꺾기 체험

제주 중산간의 지천에 피어 있는 고사리는 여행객들, 특히 중년의 여성분들에게 인기다. 고사리 꺾기 관광이 있을 정도이고 중산간 도로에 관광버스가 주차되어 있는 것을 봄철에 자주 볼 수 있다. 제주도에서는 '고사리 장마'가 끝이 나는 4월 말부터 본격적인 고사리 꺾기에 들어간다. 제주도 고사리는 임금님 진상품으로 유명한데 부드럽고 통통한 것이 전국에서도 인기다.

여름

여름철 보말잡기

여름바다에서 수영만 할 것이 아니라 보말잡기와 용천수 체험을 꼭 해볼 것을 권한다. 보말은 제주의 바닷가면 어디든 볼 수 있는데 돌담에 붙어 있는 작은 고동을 지칭한다. 가족과 함께 잡은 다음, 끓는 물에 데친 후 옷핀으로 빼서 먹으면 고소한 맛이 제법이다.

용천수 맞기 체험

용천수는 여름철 더위를 한방에 날려버릴 정도로 차가운데 주로 제주의 해안가 마을에 솟아나는 물이다. 용천수로 유명한 마을이 도두마을인데 여기서 나오는 용천수는 제주에서도 유명하다. 노천탕이 두 곳인데 하나는 도두동 스쿠버 스쿨 뒤쪽의 포구 입구에 있고 또 하나는 도두1동 마을회관 바로 옆에 있다. 천 원을 주고 입장이 가능한 용천수 노천탕은 소름이 돋을 정도로 최고의 찬 물을 느끼게 해줄 것이다.

가을

가을철 감귤수확 체험

감귤수확은 10월 중순부터 시작이 되는데 의외로 감귤수확 체험을 해본 사람들이 많지 않다. 이유는 대부분 감귤을 하루 이틀 정도에 인부를 동원해서 따다보니 늦게 가면 감귤이 없고 일찍 가더라도 과수원 주인이 아는 사람이 아니라면 체험하기 어려운 경우가 많다. 서귀포에는 몇몇 과수원에서 체험을 할 수도 있는데, 제일 좋은 방법은 감귤을 직거래로 구입하면서 주인과 의사소통을 하고 제주로 여행 올 때 주인에게 부탁하는 방법이다. 번거롭다면 무릉외갓집을 통해 감귤을 구입하고 외갓집 조합원 과수원에서 감귤수확을 해보는 것도 좋은 방법이다. 물론 감귤모찌 만들기 체험도 함께 하면 좋다.

겨울

겨울철 눈썰매 체험

눈이 많이 온 날이면 제주의 아이들은 아빠차를 타고 눈썰매장으로 향한다. 특별히 눈썰매장이 있는 것이 아니라 제주대학교 위쪽의 제주마방목지와 같은 넓은 초지가 눈이 오면 훌륭한 썰매장이 되는 것이다. 산간에는 눈이 자주 내리고 한 번 내리면 잘 녹지 않다 보니 겨울철에는 눈썰매를 자주 타게 된다.

©jejusea.com

에필로그
정말 다행입니다

제주라는 낯선 곳에 와서 뽀뇨를 낳았습니다. 제게 '제주 이민'은 큰 용기가 필요한 선택이었습니다.

'제주 이주'라 하지 않고 '이민'이라 하는 이유는 제주는 저에게 심리적, 문화적으로 육지와 다른 신비롭고 먼 곳이란 느낌이 강했기 때문입니다. 육아에 있어서도 그랬습니다. 익숙한 가족, 친구들과 떨어져 홀로 남겨진 기분은 막막함과 외로움으로 다가왔습니다.

익숙하지 않은 환경에서 여러 가지 불편하고 예측불가능한 상황에 맞닥뜨렸을 때 느꼈던 스트레스는 생각보다 큰 파장으로 다가왔습니다.

하지만 제주는 아이를 낳고 살아가기에 더없이 좋은 환경이었습니다. 육지와 떨어져 있는 탓에 환경이 그대로 보존되어 있는 곳이 많고, 시내에서 차 타고 5분만 가면 바다가 나오고 반대쪽으로 5분만 가면 한라산이 펼쳐졌습니다. 제주에서는 아무 때나 바다에 가고 싶을 때, 주저없이 입던 옷 그대로 바다로 뛰어들었습니다. 산에 가고 싶을 땐, 360여 개나 되는 오름 중 하나를 골라 천천히 올라가다가 고사리도 꺾고, 달래도 캐면서 휴식과 식량 채집을 동시에 하는 생활이 이어졌습니다. 눈을 돌리면 모든 것이 삶의 아름다움을 일깨워주었습니다.

　뽀뇨를 가지면서 우리는 '뽀뇨가 어떤 아이로 자라면 좋겠는가'라는 이야기를 종종 했습니다. 그때 우리 부부는 '잘 노는 행복한 아이'였으면 좋겠다고 결론을 내렸습니다. 놀이를 통해 사회성을 키우고 규칙을 지키는 법, 목표를 달성하는 방법 등을 배울 수 있을 것이라 생각했습니다. 이제 만 4살이 되어가는 뽀뇨는 정말 잘 놉니다. 바다에 가면 해 떨어질 때까지 혼자서 놀이 방법을 찾아가며 놉니다. 물속에서 첨벙거렸다가 신기한 게 보이면 주워서 가만히 들여다보고 보말도 따서 주머니에 넣어두기도 하고, 손톱이 까매질 때까지 모래를 파내기도 합니다. 오름에 오르다가 신발 가득 말똥을 묻혀 오기도 하고, 나비를 쫓아서 연신 폴짝거리느라 얼굴이 벌개져도 지칠 줄 모르고 '나 잡아봐라' 포즈로 뛰어다닙니다. 그리고 무엇보다 뽀뇨는 행복한 아이입니다. '아, 그렇게 생각할 수 있구나!' 스스로 행복을 찾아가는 모습에 그저 아이에게 고맙다는 마음이 듭니다.

　이 모든 것이 색다른 재미와 즐길 거리로 넘쳐나는 제주의 환경과 좋은 아빠가 되고 싶다는 남편의 간절한 소망이 어우러져 만들어낸 결과일 것입니다. 처음에 제주로 왔을 때의 두려움과 불안, 그 마음을 이제 저편에 내려놓고 생각합니다.

　우리가 아이를 키우는 곳이 제주여서 정말 다행이라고요.

―2014년 봄, 뽀뇨 엄마

제주에서 아이를 키운다는 것
ⓒ 홍창욱 2014

초판 발행   2014년 4월 22일

지은이   홍창욱
펴낸이   김정순
기획   한아름, 배경란
책임편집   배경란
사진   홍창욱, 공석진, 박정은, 송지영, 신연호, 오웅, 이재정, 권은정
디자인   김수진
마케팅   김보미 임정진 전선경
펴낸곳   (주)북하우스 퍼블리셔스
출판등록   1997년 9월 23일 제406-2003-055호

주소   121-840 서울시 마포구 양화로 12길 24 (서교동 선진빌딩) 6층
전자우편   editor@bookhouse.co.kr
홈페이지   www.bookhouse.co.kr
전화번호   02-3144-3123
팩스   02-3144-3121
ISBN   978-89-5605-741-5 (13590)